インディペンデント・ブルース

月で生まれ輝くレスラーたちの物語

ジャスト日本
Text by Just Nihon

彩図社

はじめに～メジャーが太陽なら、インディーは月～

今、再びプロレスに光が当たろうとしている。

日本の業界最大手団体・新日本プロレスの躍進によるものが大きい。2018年には過去最高の49億円の売上を上げた。人気プロレスラー達が次々とメディアに露出、インターネット動画配信サービス「新日本プロレスワールド」で海外ファンの獲得に成功し、飛ぶ鳥を落とす勢いである。

かつては新日本プロレスと全日本プロレスが日本における二大メジャー団体と呼ばれていたが、近年は新日本の一大メジャーという現状である。メジャー団体が光り輝く太陽だとしたら、闇夜に輝く月のような存在がインディーである。

インディーとは日本のプロレス界では小規模の団体のことである。そもそもインディーの語源であるインディペンデントという単語には小規模ではなく、本来は独立、自立、他に影響されない、独立独行、自由、他に依存しない、独自という意味である。つまりインディーとは独立会社や大手企業を通さない会社ということである。ちなみに弱小や小規模という意味合いのインディーやインディペンデントという単語は和製英語である。

このインディーという概念を日本のプロレス界に持ち込んだのが１９８９年にＦＭＷというマイナー団体を旗揚げした大仁田厚。大仁田はかつて「俺たちはメジャーに対して決してマイナーじゃない！　インディーだ！」とリング上で叫んだことがある。

音楽の世界にはメジャーレーベルとインディーレーベルに分かれるように、「ＦＭＷはマイナーではなくメジャーに対抗する独立したプロレス団体なんだ」という反骨心の現れを言語化したものがインディーだったのだ。大仁田が旗揚げしたＦＭＷの成功以降、全国に次々とインディー団体が旗揚げされていった。メジャーとは一線を画した独自の機軸やマニア層に向けたアプローチで人気を博してきた。

また地域密着型の団体が多く、所属レスラーもメジャーと比較するとやや小柄なレスラーが多かったりするのも特徴だろうか。規模や旗揚げの経緯からメジャーにもインディーにも括りきれない団体は「準メジャー」や「ネオ・メジャー」と表現されることもある。

インディーとメジャーの違いは多種多様な解釈がある。

選手のレベルは近年は拮抗してきているので要は団体の規模の大小によって分かれるように思える。つまり大企業と中小企業ということである。またインディーよりもさらにディープな「どインディー」というジャンルが存在している。

本書はインディーで生きるプロレスラーを追う取材とそれに基づく考察の記録である。選手に取材を行い、その選手のプロレスのルーツやプロレス観を明らかにすることで今現在のインディーで生きる選手達のリアルに迫るプロレスノンフィクションである。

スポットライトが当たらない選手、メジャーが注目する選手、かつて世界最高峰の団体に在籍していた選手、さまざまな団体を転戦する職人レスラー、プロレス界の最前線を走る大ベテラン……。様々な境遇を持つ超人達がそれでもインディーでプロレスをする理由とは何なのか。

今こそ私は問いたい。

「あなたにとってインディーとは何か？」

「あなたにとってプロレスとは何か？」

プロレスとは答えがないジャンルである。

その答え探しを各々が進めていくのがプロレスの醍醐味の一つである。

私は選手に直に会ってその答え探しの旅に出ることにした。

インディーという月で生まれ輝く男たちが奏でるブルースを、堪能していただければありがたい。

インディペンデント・ブルース　～目次～

はじめに……3

【第一章】阿部史典（プロレスリングBASARA）……8
インディーの売れっ子は異常ならざる向上心を持つ貪欲小僧

【第二章】吉田綾斗（2AW）……34
好きなことで生きていく　アクティブでアドバンスな恒星の貴公子

【第三章】ディック東郷（みちのくプロレス）……62
名匠のダンディズム　男は黙してプロレスという作品を創る

【第四章】佐藤光留（フリー）……96
必要とされる尊さを噛みしめ、夜明けまで走り続ける

【第五章】新井健一郎（DRAGONGATE）……128
深化を求めるズルいヒールは今が全盛期　本籍ドラゲー、現住所ローカルインディーの仕事人レスラー

【第六章】マンモス佐々木（プロレスリングFREEDOMS）……158
ラストマン・スタンディング　日本インディー界の猛獣がリングに上がり続ける理由

【第七章】竹田誠志（フリー）……186
誇り高きクレイジーな流儀　日本のプロレス界には世界最狂のデスマッチ覇王がいる

【第八章】田中将斗（プロレスリングZERO1）……218
対等に闘い全力で打ち勝つ弾丸主義　常に自己ベスト更新中の日本インディー界の最高傑作

あとがき……250

【第一章】

阿部史典《ふみのり》（プロレスリングBASARA）

インディーの売れっ子は異常ならざる向上心を持つ貪欲小僧

写真提供：プロレスリングBASARA

「インディーとは、反骨心である」

——阿部史典

この男は天才か、異端児か

インディーで生きる選手たちのリアルに迫る本書。執筆するにあたって、最初に誰を取材するのか。それは彼しかいないと私は決めていた。

ＺＥＲＯ１大阪大会の試合後に彼は私の眼前に颯爽と現れた。年間約１８０試合をこなす売れっ子レスラーは笑顔がチャーミングで人懐っこい好青年である。

阿部史典、25歳。プロレスリングＢＡＳＡＲＡ（以降はＢＡＳＡＲＡ）に所属しながら、プロレスリングＺＥＲＯ１、大日本プロレス、ＨＥＡＴ　ＵＰ、６６６、ＤＯＶＥプロレス、ハードヒットなど、あらゆる団体で活躍する若武者。

鋭い打撃に関節技、スープレックスという初期ＵＷＦや格闘探偵団バトラーツを彷彿とさせるバチバチスタイル、どんな相手でもきちんとプロレスができ、観客を魅了するプロレスＩＱの高さ、キャリア5年未満とは到底思えない技量の若き天才。

また浄土宗僧侶の資格を有する異色の経歴を持ち、コミカルなプロレスも得意としている。プロモーターからすると喉から手が出るほど欲しい、活きのいいプロレスラーである。

超がつくぐらいの多団体時代の日本プロレス界において、あらゆるフィールドを転戦している彼はその象徴的なレスラーであり、インディー若手の代表選手である。

だが取材を進めていくうちに、私は少し思い違いしていたのではないかと考え直した。彼はインディー若手の代表選手ではなく、業界の異端児なのではないだろうかと。

この男は若き天才か、異端児か。まずは彼のレスラー人生を追うことにしよう。

プロレスとの出会い

阿部史典は1995年1月4日、東京都世田谷区に生まれた。

彼がプロレスに出会ったのは小学生の時だ。

「兄貴が友達から借りてきた『エキサイティングプロレス』（WWEをモチーフにしたPS2のプロレスゲーム）がきっかけでした。そのゲームで遊んでいるころ、フジテレビがWWEを中継していたんです。実際に映像で見たプロレスは衝撃でしたね。それでノアや新日本の中継を見るようになったんです。当時はK‐1やPRIDEが人気だったので、周りにはプロレスが好きな人はあまりいなかったですね」

初めて好きになったレスラーは、『エキサイティングプロレス』に登場する唯一の日本人レスラーで、当時WWEで活躍していたTAJIRIだった。WWEの日本公演では、TA

ＪＩＲＩのグリーンミストを生で見て興奮。後年、阿部は全日本プロレスでＴＡＪＩＲＩと対戦し、グリーンミスト（毒霧）を受けているが、その時ばかりは普段家族にプロレスの話をしない阿部も「グリーンミストを食らったよ！」と報告したという。

プロレスの虜になった阿部は、兄とよくプロレスごっこをするようになった。しかし、兄をケガさせてしまったため、遊んでくれなくなってしまった。だったらジムで本格的にプロレスを習いたい。そう思い調べてみると、家の近所に「ＵＷＦスネークピットジャパン（以降は「スネークピット」）」（高円寺）というキャッチ・アズ・キャッチ・キャンを主体にした格闘技ジムがあることがわかった。

キャッチ・アズ・キャッチ・キャンとは、19世紀から存する、フリースタイルレスリングや現代のプロレスの主要な源流の一つとされるレスリングの一種である。キャッチ・アズ・キャッチ・キャン発祥国であるイングランドのウィガンという地域には、幾多の名レスラーを輩出したビリー・ライレー・ジムがかつて存在し、このジムの通称が「スネーク・ピット（蛇の穴）」と呼ばれていた。

ＵＷＦスネークピットジャパンは古のキャッチ・アズ・キャッチ・キャンを現代日本に伝承するために誕生したジムで、伝説の名レスラーでビリー・ライレー・ジム出身のビル・ロビンソンがヘッドコーチを務めたこともあった。

「小学6年生になってスネークピットに通うようになって、プロレスではなくレスリング（キャッチ・アズ・キャッチ・キャン）を学びました。そこで鈴木秀樹さん、定《じょう》アキラくん、井上学さんと知り合いました。そして澤宗紀《むねのり》さんと出会ったんです」

澤宗紀は阿部を語るうえで欠かせない人物である。澤は格闘探偵団バトラーツに所属しながら、さまざまな団体に上がり、その硬軟自在のバチバチスタイルと「やり過ぎぐらいがちょうどいい」精神で活躍したプロレス界のお祭り男。武藤敬司のパロディレスラー「ランジェリー武藤」という顔も持つ。

澤は阿部を自身が出場するZERO1の興行に誘った。そこで阿部はバカバカしいが、ダメージを顧みず、明日のことも考えない、刹那感が漂う澤のプロレスを目の当たりにする。その澤のプロレスは当時の阿部の目にあまりに恰好よく映った。阿部は後に「澤のマネをしている子」などと呼ばれたこともあったが、その背景にはこの頃の原体験があったのだろう。

プロレスラーを目指し、スネークピットに通う阿部だったが、中学三年のときに一度、大きな挫折を経験している。当時の阿部の体重はわずか49キロ。一方、同世代でIGFでのプロレスデビューを目指し練習していた定アキラは90キロあった。「小柄な自分ではプロレスラーにはなれない」と悲観して、スネークピットを離れてしまったのだ。

「スネークピットで得たのはレスリングと人との繋がりです。鈴木さんには今でもお世話になっていますし、（定）アキラくんとも繋がっている。プロレスという好きなもので結局は離れていても色々な伏線で繋がっていくものなんですよ」

売れっ子レスラーのバックボーンには伝統のレスリングスタイルがあった。スネークピット時代に出会った人々との絆は今の彼の重要なファクターとなっているのである。

一度は挫折…それでもプロレスラーになりたい

高校に入学した阿部は、プロレスから離れ、同世代の若者と同じように遊ぶようになった。だが「楽しいことをやり過ぎた」あまり、4度も停学処分を受け、ついには高校を退学してしまう。

「停学の理由は、別に大したことはないですよ。タバコを吸っていないのに、吸ったと勘違いされたり、焚火をしていたらボヤを起こしてしまったり、バイクの事故がバレたり、不良ではないんですけど、楽しいことが好きだったんです。そしたらいつの間にか停学ばかりで退学処分になっていました」

退学後は通信制の高校に通いながら様々な仕事をした。その中で植木屋の仕事が一番長く続いたので将来は植木職人になってもいいかと思うほどだった。だが母の一言で状況は一変する。

「植木屋じゃなくてお寺のお坊さんになりなさい！」

実は母の実家が寺で、息子の将来を案じた上で僧侶の道を勧めたのだ。

阿部は「まぁ、たまには親のいうことを聞いてみるか」と軽い気持ちで、京都の寺に修行にいくことになった。

寺での修行はかなりハードである。毎朝5時に起床し、読経をして、朝ご飯を食べたら学校に通い、帰ってきたら寺の掃除を行う。この生活がつらくて、途中で脱落するケースが多いという。だが、そんな生活も阿部にとっては何もかも新鮮で楽しかった。

阿部は夜、外出許可をもらい、格闘技のジムにも通った。そうやって精神と肉体を鍛錬していると「プロレスラーになりたい」という思いが再びふつふつと湧き上がってきた。

いてもたってもいられなくなった阿部は、寺を脱走し、東京へと向かった。頼ったのは、スネークピットのコーチで、元キックボクサーの大江慎《まこと》だった。しかし、大江は「途中で抜け出すやつはプロレスラーになっても長続きしない。寺の修業をきちんと終わらせた方がいい」と突き放す。阿部はもう一度京都に戻り、修行を最後まで続けることにした。

僧侶兼業レスラーとしてデビュー

お寺での修業を終えた阿部は、伯父がいる愛知県の寺に入ることになった。そんな阿部に一本の電話がかかってくる。憧れの兄弟子・澤からだった。

「おまえ、いま何をやってるの？」

澤に現状を報告し、プロレスラーになりたいと相談すると「バトラーツの後輩のタケシマケンヂがスポルティーバエンターテイメント（以降はスポルティーバ）という団体を名古屋でやっている。紹介するから、そこでプロレスラーになってみれば」と言われた。

阿部は入門テストを受け、2014年にスポルティーバに入団し、2015年5月17日、スポルティーバ名古屋国際会議場イベントホール大会の入江茂弘戦でデビューを果たす。

ちなみにこの時期は寺の業務と並行してプロレスを行っていた。夕方まで法事でお経を読み、火葬して、骨を拾うという僧侶の仕事をし、終わってからスポルティーバに通って練習する毎日だった。だがプロレスをしながら僧侶をするという生活には限界があった。プロレスもお寺の仕事も週末が忙しい。プロレスを優先する阿部はお寺の仕事があまりできなくなり、徐々に居心地が悪くなった。

お経を読んでいてもプロレスのことが過るようになる。このままではお寺にも迷惑をかけてしまう。彼はプロレス一本に集中するため、お寺を離れ、東京に拠点を移すことにした。

上京した阿部は、メジャーからインディー、そしてどインディーに至るまで、上がればどんなマットにも上がった。スポルティーバ時代には、試合のギャラがカレーということもあったので、プロレスをしてきちんとギャラがもらえるのは新鮮だった。

東京に拠点を移したといっても、当時はまだスポルティーバの所属だった。スポルティーバは、基本的にフリー選手のようなものだったので、スケジュール管理などマネージメント業はすべて自分でこなさないといけない。一度ダブルブッキングを発生させた時は大変だったという。

澤宗紀ゆずりのファイトスタイルと、僧侶というプロレスラーにおいては珍しい肩書が相まって、各団体のプロモーターが彼を参戦させ、年間約180試合をこなすインディーの売れっ子となった阿部。その成長スピードは恐ろしいほど早かった。かつてスポルティーバに所属し、現在はDDTプロレスリングで活躍する彰人《あきと》は、阿部のことをこう絶賛している。

「デビューしてから映像でちょこちょこ見る機会はあり、出来る子だなと思ってはいた。けど、絡む機会なかったし、しっかり絡んだのが初めてだった。そしてかなり衝撃を受けた。一緒に試合してみて嫉妬する程にできるヤツで良い選手だった。後輩に嫉妬する事なんてほとんどないのに。そして裏でも表でも空気の読むスキルが半端ない。もちろん真面目にバチバチできるし、コミカルも抜群。もう化けているかもだけど、もっともっと化ける可能性を秘めてるし、センスが半端なかったなぁと。自分が育てた訳じゃないけど、良い選手に育っているなぁとしみじみ。インディー界隈で売れっ子の理由が分かった」
（「阿部史典というレスラー」／彰人オフィシャルブログ 2017年11月4日）

彰人の意見は、おそらく阿部に関わった多くのプロレスラーの総意ではないだろうか。

プロレスリングBASARAに移籍

そんな阿部には幾つかの団体から入団オファーが届く。その中から熟考を重ねて選んだのは当時DDTグループに属していたプロレスリングBASARAだった（2018年1月に入団）。そこには阿部の、プロレスラーとして譲れない信念があった。

「僕は一つの事だけではなく、色々な事がしたいんです。やっぱり澤さんを見ているので、色々な団体に上がって、色々な相手と色々な雰囲気で試合をしたいからBASARAを選びました。一つの団体で頑張ることはすごいことなのですが、僕は色々な事をやりたかったので、自由度の物凄く高いBASARAが自分に合っているなと思いました。言うなればBASARAは実家みたいなものです。自分が色々な団体に出る事によって自分も、団体の名前も広めていけたらなと思ったんです」

ＢＡＳＡＲＡに入団した阿部は、以前にも増してより多くの団体に上がるようになった。２０１８年６月にはＺＥＲＯ１の日高郁人《いくと》と〝相席タッグ〟を結成し、ＮＷＡインターナショナルライトタッグ王座を獲得する。

また大日本プロレスでは野村卓矢とアストロノーツというチームを結成、大日本プロレスのマットをかき回している。スポルティーバ時代から参戦していたハードヒットでは、同興行を主宰する佐藤光留の生き方に感銘を受けた。

阿部の成長スピードはＢＡＳＡＲＡに入ることでさらに増していった。団体の代表である木高《こだか》イサミは阿部のＢＡＳＡＲＡ移籍について「頼もしいけど、阿部が入ることは劇薬だと思う。まだキャリア２、３年ですけど、他の選手を全員おいてっちゃう勢いがあるかもしれない。その可能性を秘めている選手。実際に俺も負けているので」と語った（２０１７年12月28日、ＢＡＳＡＲＡ後楽園大会の試合後控室でのコメント）。まさしく彼は全速力でレスラー人生を駆け上がっている。

なりたい自分になる…異常なまでの向上心

どうしても阿部に聞きたかったことがあった。

かつて阿部はBASARAに移籍する直前、同団体のエース・木高イサミが保持するユニオンMAX王座に挑戦表明した際に、こんなコメントを残している。

「やっぱりレスラーである限り、超えたいっていう人間が何人かいて。もちろん澤さんがいて、イサミさんがいて、自分はそんな人をごちゃ混ぜにしたハイブリッドになりたい」

（2017年11月26日、BASARA成城ホール大会の試合後のコメント）

この発言の真意はなんだったのか、本人に直撃すると次のような答えが返ってきた。

「僕はプロレスを学ばせてもらえる人がたくさんいるんです。例えばZERO1だったら、（佐藤）耕平さんだったり、大谷（晋二郎）さんだったり、日高（郁人）さんもそうだし、他のお世話になってる団体の選手の人もそうです。プロレスを身をもって教えてくれる人たちがたくさんいるんですよ。その中で自分なりに選んで解釈して融合させてます。佐藤光留さんの考えに感銘を受けたり、石川雄規《ゆうき》さんの生き様に影響を受けたり、もちろん澤さんや、鈴木さんもです。色々な人達に教わって今の自分がいるんです」

つまりこういうことなのかもしれない。ハイブリッドとは自身の経験値の集大成のようなもので、〝なりたい自分〟なのだ。さらに言えば、彼にとって〝なりたい自分〟とは自分が出会い、影響を受けた人たちのエッセンスを融合させた、ある種の〝完全体〟なのかもしれない。阿部は〝なりたい自分〟になるための異常なまでの向上心を持っているのだ。

ＺＥＲＯ１に上がるようになり、阿部は元バトラーツの日高郁人とタッグを組んでいる。パートナーとしての日高は「本当に自分がやりやすいようにもっていってくれている」と語るほど良き司令塔である。

阿部はそんな日高と、２０１８年11月17日の天下一ジュニアトーナメント1回戦で対戦した。火花が散るようなバチバチの攻防の末、阿部は日高を破り、見事に大金星を上げた。試合後、彼は日高への思いを吐露した。

「自分の中での決勝ですね。めちゃくちゃマジメな話をしますと、普通に自分が小っちゃい頃に見ていた人間とタッグパートナーになって、ベルトも獲れて、シングルして……超えたとは全然思ってないですし、勝ったとも全然思ってない。日高さんの試合でしたし。自分は今、若いから前しか見てないんですけど……若いからって自分で言うのはダメなんですけど、日高さんってトシをとらないんですよ。とっているんでしょうけど、絶対に壊れないというか、打っても打っても日高さんのほうが強いし。打撃も強いし、一体この人は何なんだっていう。隣にいるパートナーが変わっても、そこにいるのは日高さんなんですよ。あの人は一体何なんだっていう。もっとあの人の近くでいろんなことを学びたいなと思います」

（２０１８年11月17日の天下一ジュニアトーナメント1回戦の試合後控室でのコメント）

阿部にとって日高との邂逅は必然だった。日高は同じバトラーツ出身の澤と相棒タッグを結成してNWAインターナショナルライトタッグ王座を獲得していた。また澤の引退試合の相手を務めたのも日高だった。時を経て、その日高と澤に憧れた阿部が組んでいる。やはりプロレスはドラマチックだ。

阿部のすさまじいばかりの成長とポテンシャルを目の当たりにした試合がある。

2018年1月9日、新木場1stRINGで開催された「ALL DOIN」での試合である。「ALL DOIN」は全国のインディー団体や学生プロレスが終結した、いわばどインディー版のオールスター戦で、阿部は第一試合の6人タッグマッチに出場した。

阿部とインディーの重鎮・佐野直《なおし》以外は、はっきり言うと素人といえるほどレベルの低い選手ばかり。だが阿部はそんな素人レスラーたちを見事にコントロールして、きちんとプロレスに仕立てて見せた。厳しくどインディーレスラーを攻めるも、時には彼らの土俵にも乗って受け止めるという攻防で観客を沸かせ盛り上げた。どんな相手でも好勝負を展開するプロレスIQの高い彼ならではの芸当である。

「あれ（『ALL DOIN』の6人タッグマッチ）をまとめられるのは色々な団体で色々な人と戦ってきた経験があったからですね。変にバカにしてもいけないし、ただ強く攻撃するだけだったらそれはイジメに見えてしまうので、お客さんが引いてしまう。色々なところでお世話になって、色々な人と試合したおかげです」

様々なプロレスが好きで、団体場所を選ばず年間約180試合出場という経験値はこういうイレギュラーな試合になったときに有効活用されていくのかもしれない。

兄弟子・澤宗紀と鈴木秀樹

阿部といえばやはり憧れのレスラーであり、兄弟子であり、信頼できる相談相手の澤宗紀を切り離すことはできない。阿部が得意技にしている「お卍固め（卍固め）」や「伊良部パンチ（野球のピッチングフォームからのストレートパンチ）」はもともと澤の得意技でもある。

阿部にとって澤とはどんな存在なのか？

「澤さんに色々と助けてもらって、澤さんみたいになりたいと思って、澤さんのまるパクリから始まって、自分というものを確立していきました。澤さんがいなかったら、プロレスラーになっていないです。澤さんはつらいことや痛いことをしているのに、バカバカしく見えるんです。つらいことをして、それを見せないでファンを喜ばすのが本当にかっこいいんです。バカなことがかっこいいんです。澤さんに似ていると言われるのは仕方がないです。澤さんにみたいになりたいと思ってやっていますから。でも『面白い』と言ってくれる人や『澤さんとは違うよ』とか言ってくれる人もたくさんいます。（澤が一般人としてリングに上がっていることについて）まさか復帰するとは思わなかったですが、あれは澤さんにしかできないことです。たまにしか上がらないからコンディションがいいんですよ（笑）」

２０１１年に引退し、現在は一般人としてたまにリングに上がっている澤宗紀は、阿部についてこのように語っている。

「阿部は変態です。すでに俺のマネじゃなく、自分の個性を織り交ぜている、素晴らしいレスラーになってるし、人との距離の詰め方が抜群にうまい。だから、安心して、いろんな人を阿部に紹介できるし、プロレスに興味のない人も阿部の試合なら見てみようと思うはず。プロレスをプレゼンする時にこんなに役立つレスラーはいない」

阿部にとって澤の存在は尊く、澤も阿部を大切な弟のように可愛がっている。２人の師弟関係はこれからも続いていくことだろう。

そして阿部といえば忘れてはいけないのが、スネークピット時代の兄弟子である鈴木秀樹の存在だ。２人は２０１７年12月28日、後楽園ホールで開催されたＢＡＳＡＲＡ「新宿地上最大武道会」トーナメント決勝で対戦している。その試合で印象に残ったのが、鈴木が普段はまず見せないジャイアント・スイングやロメロスペシャルを披露したことである。２人はスネークピット時代によくプロレスごっこで遊んでいたという。その片鱗をプロレスとして昇華させたのである。結果はダブルアーム・スープレックスで鈴木が勝利した。ちなみにこの試合終了後、阿部は代表の木高イサミにBASARA入団を直訴することになる。試合後、鈴木はマイクでこう語った。

「阿部とは……僕はフミと呼んでたんですけど、12、3年前に彼が小学生のころから知ってます。高円寺にある蛇のジム（スネークピット）に彼が会員で入ってきて、最初の言葉が『鈴木さん、俺、WWE行きたいんですけど』でした。その後、失踪してお坊さんになって……。（中略）僕とフミは十何年前にプロレスごっこをしていました。それがお客さんの前で試合ができたのが、僕は本当に嬉しいです。またどこかでプロレスごっこしましょう」

阿部にとって鈴木もまた良き兄貴分の一人である。

「師匠というとおこがましいですけど今でも相談に乗ってくれて、お兄さんのような……。本当に色々と教えてくれて、物事の価値観や物の見方を教えてくれる欠かせない人です」

自分なりのバチバチを体現したい

阿部は格闘技としてのプロレスにもこだわりを持っている。

プロ入り前は、スネークピットやレスリングで技術を磨き、プロレスラーになってからはハードヒットに定期参戦したり、SAW（サブミッション・アーツ・レスリング）の大会や柔術の大会に出て青帯クラスで優勝するなどして、己の強さという〝刀〟を研ぐことを欠かさず続けている。コミカルな試合をしていても、その根っこは「強くありたい」というプロレスラーとしての気概があった。

「自分が好きだったのがバトラーツとかだったので、もちろんおもしろいのも大好きなのですが、いつでもなめられちゃいけないという思いはあります。（プロレスラーは）やっぱりある程度の強さは必要だと思うし、プロレスは闘いですから。選手は勝ち負けがすべてでじゃなければいけない。勝った者がすべてで、負けたら何もない。それは鈴木（秀樹）さんや、ハードヒットでお世話になっている（佐藤）光留《ひかる》さんの影響が大きいです」

ハードヒットを主宰する佐藤光留は「蛍光灯を使うデスマッチや二階から飛んだりするのもプロレスならば、格闘技としてのプロレスがあったっていいじゃないか」と語っている。その意思はきちんと次の世代にも継がれている。プロレスラーとしての強さを磨く中で、エンターテイナーとしても阿部のセンスは極めて高い。今のインディーの第一線を歩みながらも、UWFやバトラーツに傾倒し、コミカルなプロレスにも対応できる。

昔のプロレスラーと現代っ子の感覚が見事にミックスされている。いい意味で変わり者であり、人と被らないし、個性が埋没しない。本当に末恐ろしい選手なのである。

そんな彼が考えるプロレスの在り方とは？

「プロレスラーは適材適所で、夢や希望を与えているすごい人たちもたくさんいるし、僕なんかはちょっと落ち込んでる人とかが『バカだなぁコイツ』と少しでもつらいことを忘れて笑ってもらえたらそれでいいです。体を削って、バカなことをして、ありえないこともして……。澤さんが言っていたことですが、『その人が飲むビールが俺らの試合を見てよりおいしくなれば本望』という言葉があるんですが、まさにそんな感じです」

この発言を聞いた時、私はまるで澤宗紀と会話しているような錯覚に陥った。自然な形で澤の魂を継承し、自分のアイデンティティとして打ち出しているのだ。

阿部はライバルとして、大日本プロレスの野村卓矢の名前を挙げた。野村は打撃や寝技を得意とする、大日本では異端ながらもスター候補生と目される将来有望なレスラーだ。阿部とはアストロノーツを結成し、良き戦友であり同志という特別な関係にある。プロレスにおける趣向も「ビッグマウスラウド」の話で盛り上がるほど似ているという。

2018年1月17日、大日本の若手興行「問ワズ語リ」のメインイベントで2人は対戦し、得意のお卍固めで勝利した阿部はマイクを握り語り始めた。

「僕がプロレスラーになろうと思って、その時ホントに心の底から入りたかったバトラーツという団体は、もうなくなっていて。でも自分が魅せられたり、ときめいたりしたのは、あの団体で。自分がプロレスラーとしてデビューさせてもらって、手探りでコレがああいうふうだったのかなって。よくバチバチって言葉を使ってたんですけど、僕にとってバチバチって言葉は、すごく深くて尊くて大事な意味で。カナダの石川雄規さんのところへ練習しに行った時も、バチバチの理由を聞いてみたら『相手の向こう側にいる世間を殴ることがバチバチだ』って言われて。未熟すぎて意味がわからなくて……僕らは生でその時にいた世代じゃないんで、こうやって手探りで、こうだったのかな？　とか色々やっているんですけど。自分の中のレスラーとしての、1つの大きな目標というのは、バチバチという言葉の意味を自分なりに理解して、解釈して、それを体現できるような選手になることです」

バトラーツはなくなっても、自分なりのバトラーツやバチバチを追い求めるそのアティチュードはこれからも続けていく。それが阿部の生き方なのだ。

日本インディー界の売れっ子が考える未来予想図

阿部がプロレスラーになったころにはバトラーツは解散していた（2011年に解散）。だが様々な経験を積むことで自分なりの「バチバチ道」が見えてきたようである。だからこそ阿部に「プロレスの未来予想図」を聞いてみたかった。

するとこ阿部からこんな答えが返ってきた。

「こうやってありがたいことに試合がたくさんある生活がいつまで続くかはわからないですし、長くやるつもりはいまのところあまりないです。自分が決めた色んな目標が結構叶っているんです。でもそしたらまたすぐ新しい目標が出来ます。そうですね……いつか後楽園ホールのメインイベントを締めた後にブルーハーツの『人にやさしく』かハイロウズの『日曜日よりの使者』を流したいですね（笑）。海外はカナダと韓国で試合をしたことがありますが、まだちょっとしかないのでもっと海外で試合したいです。ただ呼ばれる様な選手になるためにはもっと実績を残さないといけないと思います。BASARAではユニオンMAX、全日本は世界ジュニア、大日本ではジュニア王座もタッグ王座も獲りたいし、ZERO1では天下一ジュニアトーナメントで優勝したいですね。『問ワズ語リ』でも言いましたが、バトラーツから生まれた〝バチバチ〟という言葉に自分なりの答えを見つけて、つくっていきたい。今、最前線でやっている自負があるので、色んなものを吸収して自分なりのバチバチ作り上げて、体現したいです。いつまでこうやって呼んでもらって試合を出来てるのかわからないのですが、やれるところまで全力でやりたいです。現状に安心していませんし、毎試合がトライアウトだと思っています」

毎日がトライアウトという考えに嘘はない。所属するBASARAは2020年よりDDTグループから独立。以降、阿部はさらに活動範囲を広げている。全日本のジュニアヘビー級戦線に参入し、スポルティーバ時代の先輩・岩本煌史《こうじ》の勧誘を受けて、ジェイク・リーや野村直矢、２ＡＷの吉田綾斗らイキのいい次世代レスラーたちが集うユニット「陣ＪＩＮ」に加入する。これは本腰を入れて全日本で飛躍していくという意思表示。また大日本のジュニアヘビー級戦線においても阿部はキーマンとなっている。メジャーやインディーという枠を越えた今後の活躍に私は大いに期待したい。

人と同じことはできないから人と違うことができる

ここで取材は終わった。大胆さと謙虚さを垣間見せながら阿部はさまざまな事柄について語ってくれた。振り返ってみると取材以前に感じていた印象と少し違う気がした。彼を最初に取材したのは、「今のインディーレスラーを代表する選手」という理由があったのだが、実際に本人に取材すると彼は若き天才でありながら、その一方で日本インディー界において強烈な個性を放つ異端児だということが分かった。

人と同じことができないから人と違うことができる。だからこそ団体のプロモーターやプロレスラーたちは彼を評価しているのかもしれない。普通じゃない個性的な存在として際立ち重宝されているのだ。

かつて〝ミスタープロレス〟と呼ばれ、数々の伝説を残した天龍源一郎が現役時代に大阪で開催されたトークショーで「何か流行するとその流れに乗って同じことをするレスラーが多い。でもその時に誰もやっていないことをやれば目立つ。その原理に何でみんな気がつかないのだろう」と語ったことが印象に残っている。

この原則は今も昔も変わらない。ラリアットが流行れば、ラリアットを使うレスラーが増え、投げっぱなしジャーマンが流行れば、投げっぱなしジャーマンを使うレスラーが増える。でもそんな時に流れとは逆行してアトミックドロップや弓矢固めを使えば、個性が際立つのだ。阿部はこの天龍の発言に則ってプロレスラーとして生きているように思える。

取材して感じたのはとにかく阿部は貪欲であるということだ。やりたいことがとにかくたくさんあって、それを尋常ではないスピードで叶えている。取材の中で阿部は「色々な皆さんに教えてもらった」「色々な経験を積んだ」という言葉をよく口にした。驕ることなくプロレスに打ち込み、様々な試合経験を積んだからこそ、出てきた言葉ではないだろうか。

異常なる向上心を持つ貪欲小僧はこれからのインディーを変え、もしかしたらプロレスさえも変える革命児に大化けする可能性がある。

阿部史典、25歳。彼は今日本インディー界の最前線で、なりたい自分をとことん追求する有意義な日々を過ごしている。どこまでも貪欲にどこまでもふざける精神を忘れずに……。

◎阿部史典（あべ・ふみのり）

［身長体重］172cm、81kg

［生年月日］1995年1月4日 東京都世田谷区出身

［デビュー］2015年5月17日

［所属］プロレスリングBASARA

［タイトル歴］GWC認定タッグ王座、NWAインターナショナルライトタッグ、UWA世界ミドル級王座

［得意技］回転浄土宗、お卍固め

浄土宗僧侶の資格を持つ闘う僧侶、ファイトスタイルは兄弟子・澤宗紀を彷彿とさせるコミカル&バチバチスタイル。そしてどんな相手でもきちんと試合を成立させ好勝負を量産するプロレスIQの高い若き天才。

【第二章】

吉田綾斗《あやと》（2AW）

好きなことで生きていくアクティブでアドバンスな恒星の貴公子

写真提供：2AW

「インディーとは、
見る人が決めること。
自分が決めることではない」

――吉田綾斗

日本プロレス界期待の星

千葉のローカル団体2AWを支える若きエース・吉田綾斗（以下・綾斗）は183センチ、98キロの屈強な肉体とスター性のあるルックス、格闘センスを誇る。メジャー・インディーの枠を越えて、今後の日本プロレス界を背負う可能性を秘めた期待の星。一時期は新日本プロレスにシリーズ参戦していたこともあり、知名度も上昇中。無限の潜在能力を秘めた次代のスーパースター候補……それが綾斗である。

2AWに参戦しているフリーの仕事人レスラー・藤田ミノルは綾斗をDDTのエース・竹下幸之介やプロレスリング・ノアのエース・清宮海斗《かいと》と同次元で争っていかなければいけないレスラーだと評している。だが彼はメジャー団体に移籍することなく、2AWに残って団体の底上げに全力で取り組んでいる。なぜメジャーでも通用するポテンシャルがあるにも関わらずローカルに残ろうとしているのか？

私はその答えがどうしても知りたかった。

この本を出すことになり、誰を選出するのかとなったとき、「この選手は是非取り上げたい」と希望した一人が綾斗だった。私は取材を通じて、彼のレスラー人生をきちんと考察してみたいと思ったのだ。

2018年11月16日。東京・新宿モノリスビル19Fのセミナールームで開催されたトークイベント「俺達のプロレストーク！ vol.2」。このイベントに私はナビゲーターとして参画。ゲストとして鈴木秀樹とTAKAみちのくに登壇していただく予定だったが、諸般の事情により急遽TAKAが出演できなくなり、当時所属していたKAIENTAI DOJO（2AW）の後輩レスラー・綾斗が参加することになった。これが私と彼との出会いだった。

イベント自体は、私の仕切りとしての経験不足が露呈した、反省しきりの内容になってしまったが、印象に残ったのがTAKAの代打として登壇した綾斗の想像以上のトーク力とファンへの気遣いだった。

事前にやり取りをした際には「難しいことや深いことは言えませんが、自分が思ったことを語らせていただきます」と控えめだったが、いざ本番になると綾斗は言葉を選びながらも堂々と自分のプロレス観を述べていたのだ。

特に「（自分のプロレスの）スタイルは一つにとらわれたくない。アメプロ（アメリカンプロレス）であっても、違うものであっても自分に合うものは取り入れたい。ゴール（引退）まで自分が得られるものはどんなスタイルでも得たい」という発言を聞き、彼はキャリアが浅くても、目指すべきレスラー像を確立しているのだなと感心したことを覚えている。トークイベント後の飲み会での丁寧なファンサービスに徹する姿を見て、私は彼に参加してもらって大正解だったと実感したのである。

KAIENTAI　DOJOから2AWに団体名変更

２０１９年１月に団体創始者であるＴＡＫＡみちのくが退団し、ＫＡＩＥＮＴＡＩ　ＤＯＪＯは新体制となった。それを機に同年６月に団体名を２ＡＷ（ツー・エー・ダブル／ACTIVE ADVANCE PRO WRESTLING）に変更した。

綾斗は同年４月13日・後楽園ホール大会で同期・浅川紫悠《しゅう》を破り、団体最高峰のCHAMPION OF STRONGEST-Kを獲得、団体の若きエースとなった。試合後に綾斗は観客にマイクでこう語り掛けた。

「自分は夢だったプロレスラーになれて、夢だったSTRONGEST-Kのベルトが獲れた。次はこの団体、もっともっとたくさんの人が見に来て、もっともっと大きいところでやれるのが自分の夢です。そして、この夢はここにいる全員の夢です。この夢を今日、来てくれた皆さんに少しだけ分けたいと思いますんで、皆さん、自分たちと一緒にもっともっとデカいステージに行きましょう！」

メジャー団体で通じるポテンシャルを持ちながら、敢えて千葉のローカル団体に残り、プロレス道を突き進む綾斗はどのようなレスラー人生を歩んできたのだろうか……。

プロレスはやるものではなく見るものと考えていた少年時代

吉田綾斗は1992年9月27日、大阪府大阪市で生まれた。

プロレスに出会ったのは小学生の時。友人が持ってきたNINTENDO64の「バーチャル・プロレスリング64」というゲームソフトがきっかけだった。

ある日、深夜に目が覚めると同居していた祖父がテレビのプロレス中継を見ていた。ブラウン管の中ではボンバーヘッドの長髪（当時）を振り乱す新日本の中西学が大暴れしていた。当時、小学2年生だった綾斗は、それを見て一瞬でプロレスの虜になった。

それからというもの、テレビやDVDなど、プロレスと呼べるものは手あたり次第に見てきた。彼が憧れたプロレスラーはWWEのクリス・ベノワ、エディ・ゲレロ、クリス・ジェリコだった。特にジェリコに対する思い入れは深い。

「WWEというあれだけデカい人たちがいる中で、そこまで大きくもなく、特別何か身体的に凄いものを持っているわけではない彼が、頭を使って努力をしてトップに立つことがすごい夢があることに思えたんです」

ちなみに、当時は「プロレスはやるものではなく見るもの。プロレスは好きだけどやりたくはない」と考え、プロレスラーになりたいとは思っていなかった。そのため、中学ではサッカー部に入部。あまり部員がいなかったので、1年生からゴールキーパーとしてレギュラーで試合に出場した。だが、ここでも綾斗は「サッカーは見るもので、やるものじゃないな」と感じ、高校に進学するとサッカーから離れてしまう。

将来の夢はサラリーマン。

とにかく普通の人生に憧れていた。

だが、高校生になって初めて大阪府立体育会館でプロレス観戦をしたことによって、彼の人生は激変する。

「自分にとってプロレスは雑誌やテレビ、DVDの中の世界だったのですが、この時に初めて会場でプロレス観戦して、その衝撃が今も忘れられないんです」

彼が目の当たりにしたのは喜怒哀楽の感情をリングにダイレクトにぶつけるプロレスファンとこれに呼応して、さらに会場を熱狂させるプロレスラー達の姿だった。

「二階席の最後列で観戦したのですが、リングの中よりも観客の方に興味が湧いたんです。

選手が入場したり、技をかけたり、勝ったり負けたりするたびに、客席が大きく盛り上がる。プロレスはこんなにたくさんの人の感情を動かすことができるんだと知ったんです」

初めてプロレス観戦したその日、彼はこう決意する。

「人の心を動かせるプロレスラーになることができたらどれだけ幸せなんだろう？　自分も将来はリングに上がってプロレスラーになりたい」

人生の目標を見つけた綾斗は、夢の実現のために本格的に格闘技を習い始めた。

「M‐FACTRYアメ村ジム」でキックボクシングを学び、PRIDEに参戦経験を持つ元DEEPウェルター級王者・池本誠知《せいち》が代表を務めるジム「Style」で総合格闘技を学んだ。

「総合格闘技をやるときに代表の池本さんにはプロレスラーになりたいと伝えていました。池本さんも元々はプロレスファンで、プロレスラーを目指していたことがあったそうです。だから『プロレスでこんな技が使えるんじゃないの？』などと話しながら色々と練習させていただきました。池本さんには、技がどうこうというよりも勝利を目標にすることを踏まえた上で、お客さんを喜ばせることを考える姿勢を学びましたね。キックボクシングはプロレスを生観戦する前からやっていました。それでジムのトレーナーにプロレスラーになりたいと伝えたら応援してくれたんです。キックボクシングでは圧倒的に蹴りを練習しました」

現在の綾斗のプロレスでは、蹴りはひとつの大きな武器になっている。その下地は高校時代に育まれていたのである。

さまざまな職を経てKAIENTAI DOJOでプロレス入り

高校を卒業した綾斗は定職には就かず、フリーターとなった。

プロレスラーにはなりたいと思っていたが、色々な仕事をしてみたいという思いもあった。難波のたこ焼き屋でアルバイトをしている時、友人に誘われた。

「大阪、飽きたなぁ……。北海道に行かへんか？」

綾斗はバイトを辞め、その友人と何のあてもない状態で北海道に移り住むことにした。

「札幌に着いたら、どういうわけかボウリングをやろうということになったんです。それで遊んでいたら、不動産屋がすべて閉まってしまって、4、5℃しかない北海道の夜で野宿することになりました（笑）。次の日の朝に不動産屋に行くと、無計画で北海道に来たのを怪しまれたんですが、不動産屋さんが優しい方で『この子たちを助けてやろう』と住むところを世話してくれたんです。北海道では道路工事関係の仕事をやっていました。それまで働いていても、どこかアルバイト感覚が抜けなかったんですが、北海道ではどれだけ真剣に仕事に取り組むか、社会経験を積ませてもらいましたね。この経験はプロレスラーになった今でも役に立っています」

その後、綾斗はフォークリフトの運転手やトラック配送業といった仕事をしていた。本格的にプロレスラーへの道を進みだしたのは、22歳の時だった。

様々な仕事を経験したことで、自分が一生をかけてやりたい仕事はプロレスラーであり、そのタイミングは今じゃないか、と考えるようになる。ついに決意をしたのだ。

さてどの団体でプロレスラーになるのか。さまざまな団体の映像を見ていくうちに、ここでプロレスラーになりたいと思える団体が見つかった。KAIENTAI DOJOだった。昔のプロレスと現代プロレスの融合を目指しているところに惹かれたのだという。

2012年4月8日・後楽園ホール大会でのTAKAみちのくvs真霜拳號《ましもけんご》戦を見て、彼は「これだ！」と感じ、KAIENTAI DOJO入りを目指すことにした。

真霜との試合後、TAKAはマイクで観客にこのように語っている。

「俺のなかで真の昭和のプロレス、必殺技ありきの一撃で仕留めるプロレスをずっと思い描いてやってきて、それを体現できるのが真霜との闘い。（中略）必殺技は一個あればいいんだよ。必殺は必ず殺すんだよ。それ決まったらおわりじゃねぇとさ。それがプロレスだと思っている。これは俺の考えだから押し付ける気はない。これがKAIENTAI DOJ

０が目指すプロレスだと思うから」

　このＴＡＫＡの信念が宿ったプロレスが一人の有望な青年の心を動かした。

綾斗は２０１５年４月24日にＫＡＩＥＮＴＡＩ　ＤＯＪＯに入門した。先輩の吉野コータローと滝澤大志にプロレスを学んだ。練習生時代について彼はこのように振り返る。

「同期みんなでデビューしようというその気持ちだけでした。ここに来てよかったと思える毎日でしたし、辛い練習もみんなとなら問題なかったです。みんなと日々過ごしてく中で当たり前のように団体に愛着が湧いてきましたね」

　入団から半年後の同年11月１日、同日デビューのダイナソー拓真とコンビで、同期の最上《もがみ》九《きゅう》とＧＯ浅川（浅川紫悠《しゅう》）とのタッグマッチでデビュー。浅川にチキンウイング・フェイスロックをきめて勝利してみせた。

　黒のショートタイツとレガースというＵＷＦ戦士や柴田勝頼を彷彿とさせるスタイルで、格闘技経験で磨いたキックとバックドロップで新人ながら頭角を現していく綾斗。だが、夢だったプロレスラーになってみて彼は理想と現実の違いを知ることになる。

「本当はアメリカンプロレスが好きで、クリス・ジェリコみたいなプロレスをやりたいんですが、いざ実際にプロレスをしてみると自分がトップに立つにはそのスタイルではないなと。本来やりたかったスタイルとは違うのですが、今の自分がトップに立つにはこれがベストだったのかなと思います」

自分の身の丈を知ることはプロレスラーにとっても、人間として生きていく上でも大切なことである。綾斗は客観的に自分を俯瞰した上で、現在のスタイルにたどり着いたのだ。

師匠・TAKAみちのく

綾斗にとってどうしても切っても切り離せないのがKAIENTAI DOJO創始者であるTAKAみちのくの存在である。現在は別々の道を歩んでいるが、彼はTAKAへの感謝を忘れない。

「代表（TAKA）から教わったことは、技術よりもプロレスに対する考え方ですね。技を出すタイミングなど、細かく教えてもらいました。代表の横でプロレスを見る機会が多かったので、一緒に帰るときもアドバイスいただき、色々と教えていただきました。代表は間違いなく吉田綾斗のことが好きだったと思います（笑）。色々と気にかけてくれた代表の悪口は言えないんです。今も自分にとって代表は師匠のひとりで、憧れのプロレスラーです」

2016年6月26日のKAIENTAI DOJO大阪大会で綾斗はTAKAと初のシングルマッチを闘い、敗れた後に「無駄を排除したシンプルな戦いがしたかったので、この団体を選び、そのような試合が出来たことを嬉しく思う」とコメントしている。そしてTAKAからは「吉田とならこういう試合になるだろうとは思ってた」と言われたという。

２人は師弟関係でありながら、プロレスラーとして共鳴していたのかもしれない。

新日本プロレス「ライオンズゲート」参戦　小島と永田が綾斗を絶賛

デビューして1年でSTRONGEST-K TAG王座を獲得するなど順風満帆に進んでいた綾斗は、メジャー団体・新日本プロレスの若手主体興行「LION'S GATE PROJECT（以下、ライオンズゲート）」に参戦。これがきっかけで新日本との接点が生まれ、先輩レスラーや同世代のヤングライオンと激闘を繰り広げ、「ライオンズゲート」の注目株となっていく。

彼と対戦したレスラーたちはこぞってその才能を評価している。

たとえば、２０１７年5月9日の「ライオンズゲート」においてシングルマッチで対戦した小島聡は試合後にこう絶賛している。

「吉田！　スゲェ面白かった。ありがとう！（中略）俺は試合やってて、お前と何か感じ合うものがあった。すごく痛かったし、辛かったし、でも通じ合うものが何かあった。それはレスラーとして這い上がろうとする気持ちとか、のし上がろうとする気持ちとか、そういうものが、かつての俺を見てるようだった。（中略）とにかく俺は全部出し尽くしたからさあ。よく考えたら、綾斗のキャリア10倍以上持ってる人間が、すべての技を出し切らないと勝てないってこと。それだけ吉田綾斗が逸材だってことだと思うし、せっかくこうやってプロレス界に来てくれたこんな若い選手がこれからのし上がろうとしてる。団体は違うかもしれないけど、そういうのも飛び越えてね、かつての飯伏（幸太）君みたいにね、そういうスターになれる素材じゃないかなと、今日試合してて思いました」

特に綾斗の才能を買っていたのが永田裕志だった。かつてＩＷＧＰヘビー級王座を10度防衛し、ミスターＩＷＧＰと呼ばれた新日本の守護神である。

タッグマッチで何度も対戦する中、綾斗は永田に喧嘩を売り、永田はその喧嘩に乗り、しばきあいに発展していった。そんな彼を小島は「肝が据わった男だ！」と絶賛した。

２０１８年5月15日「ライオンズゲート」で実現した永田とのシングルマッチ。真っ向勝負の打撃戦と寝技の攻防。そこには新日本の原風景ともいえるストロングスタイルがあった。長年キックボクシングのジムに通い磨いてきた永田のキックを綾斗は受け切り、その上で自慢の打撃で反撃し、試合は好勝負となった。最後は永田が得意のバックドロップ・ホールドで勝利する。試合後にマイクでこう語った。

「今日はなんかちょっとだけ、磨けば磨くほど光る原石にちょっとだけ出会えたかな？　まだまだ磨きは足りませんが、将来、日本マット界を背負って立てるだけの人材だったんじゃないでしょうか？　今日の僕の相手というのは」

控室に戻っても称賛の声は止まらない。

「やっぱり体が大きいんでね、ガンガン来るし、気持ちも強いんで……やっぱ当たりも強いですね。エルボーの一発一発とか、蹴りとか。間違いなく、さっきもリングで言いましたけど、体も大きいし、将来が期待できる原石だと思いましたね。（中略）新日本所属じゃないですけどね、いい素材、素質、両方兼ね備えた、いい選手を見つけられたかなと。これは大きいと言っていいと思います。うまくいけば、オカダ・カズチカみたいになりますよ。闘龍門のウルティモ・ドラゴン代表がオカダ・カズチカを新日本に預けたように、もし、TAKAみちのく代表にそういう度量があるならば、彼をウチに送り込めば、間違いなく、オカダ・カズチカとはまた違ったタイプのね、ヘタすりゃそれ以上の、日本マット界を背負って立つ人材になるんじゃないかな。というのは、試合して感じました。（中略）気持ちはすごくいいし、体もいい素材してるんだけど、まだ鍛えが足りないなと。あと試合経験が足りないなと、すごく感じました。試合をしながら。ただ、正面から彼のポテンシャルを受け止めてみるとね、やっぱり重いですよ。エルボーにしろ蹴りにしろ。スープレックスもね、バック・スープレックス（バックドロップ）、あんなに強烈なのは久々に食らいましたね。大事に使えば、もっと、より鋭い必殺技になるかなと」

永田は日本でもトップクラスのバックドロップの使い手で、綾斗もバックドロップを得意にしている。綾斗は「ずっとバックドロップをフィニッシュホールドにつかう」と断言するほど自信を持っている。

「バックドロップは昔から好きでした。ただ『なぜこの技を得意にしているのか？』と聞かれると分からない。『誰のバックドロップが好きなのですか』とかもそうです。もちろんこの技を得意にしている皆さんのバックドロップを見て参考にしました。バックドロップはシンプルで一番いい技だと思っています。この技が決まれば吉田が勝つという……。吉田綾斗のバックドロップは、誰がやっても吉田綾斗のバックドロップにはならないという自信があります」

プロレス界には今も昔もバックドロップをフィニッシュとして使うレスラーは多い。綾斗のバックドロップが他の使い手にも負けない〝必殺技〟になるのかはこれからの彼のレスラー人生にかかっている。

新日本期待の若手・海野翔太との邂逅

綾斗は新日本で同世代のライバルを見つける。２０１７年4月にデビューした海野翔太である。新日本の名物レフェリー・レッドシューズ海野の息子で、エース棚橋弘至の薫陶を受け、団体からも期待を寄せられているヤングライオンだ。

２０１８年6月13日「ライオンズゲート」のメインイベントで実現した注目の若手対決。気持ちとプライドのぶつかり合いの末、バックドロップで綾斗が勝利する。試合後に綾斗はこう語った。

「今日闘った海野さん、自分よりキャリアは下ですけど、まぁ、これぐらいのキャリアの差なら、ほぼほぼ同世代って言えると思うんで。自分たち、もっともっと大きくなって、もっとデカい舞台でやれたらいいなって、素直に思いました」

海野は２０１９年11月より長期海外遠征に旅立った。

新日本を背負う未来のエース候補である。恐らく日本に凱旋する時は大物になって戻ってくることだろう。

綾斗の新日本への参戦が終了しているため、現段階では2人がリング上で交わる可能性は低い。だが、いつか2人がよりビッグになって、大会場のメインイベントで対戦する日がくるのではないか。２人のライバル関係を思うと、そうした未来を夢想してしまうのだ。

新日本シリーズ本格参戦・そして年末のタッグリーグ戦出場

2018年8月12日・日本武道館で開催された「G1 CLIMAX決勝戦」。その第一試合に綾斗の姿があった。「ライオンズゲート」ではなく新日本の本隊興行に参戦したのは初めてだった。彼は「ライオンズゲート」で激闘を繰り広げた永田、海野と組んで、真壁刀義《まかべとうぎ》、本間朋晃、マイケル・エルガンと対戦した。

得意のキックで一矢報いようとしたものの、新日本のトップ戦線で活躍する真壁組の壁は分厚かった。最後は真壁のキングコング・ニードロップに沈んだ。

試合後、真壁は綾斗の経験不足を指摘した上でこう語った。

「場慣れしてねぇわりには、思いっきり来たから。それはそれでいいんじゃない？　また、何かの機会があるかもしんねぇから、その時は新日本に来て、戦ってみな。新日本プロレスの真髄を教えてやっから。それだけだ」

そして綾斗は新日本への継続参戦を希望した。

「ここで試合していると、絶対に自分はまだまだ強くなれると思うんで、これからも、ここに、このリングに立ちたいと、本気で思います。せっかく今日、こういう日に呼んでいただいたんで、近い将来、自分も『G1 CLIMAX』に出られるぐらいのレスラーになってみせます！」

この直訴もあってか、綾斗は9月シリーズから新日本に継続参戦。「自分からチャンスを掴みにいくし掴んだチャンスはものにする」という意気込みで挑んだ。新日本の強豪レスラーの洗礼を次々と受け、新日本のスケールの大きさと選手のレベルの高さを痛感しながらシリーズを完走した。

その謙虚で実直な姿勢と将来性が評価に繋がったのかもしれない。年末の「WORLD TAG LEAGUE2018」にライバルの海野翔太とコンビを組んで出場という異例の抜擢を受けた。結果は振るわず全敗に終わったが、トップレスラーとの対戦は今後のレスラー人生にとっていい糧になったのではないだろうか。

リーグ戦終了後、彼はこう語った。

「結果、全敗。でも、これがいまの自分たちの実力として、しっかり受け止めて。自分に関しては、新日本プロレスの所属でもないし、そんなずっとずっと出れるものでもないし、もしかしたらこれが最初で最後のチャンスやったかもしれんけど、『あの時、全敗やった吉田、海野、えらいデカなったな』と言ってもらえるように、ビッグなレスラーになってみたいなと思います。ありがとうございました！」

綾斗はこのタッグリーグ戦について後にこのように振り返っている。

「タッグリーグ戦に関しては全敗だったので、語ることは特にありません。コンビを組んだ海野さんとは横にいたり対戦したりしましたが、彼は間違いなく将来新日本のトップに立つ人間だと思います」

KAIENTAI　DOJOへの愛、「シリウスロア」への思い

新日本では結果は振るわなかったが、その気持ちのいい真っ向勝負でファンと関係者の心をガッチリつかんだ綾斗。一部からは新日本移籍の声が上がり、将来の新日本を背負う男になるのではとの声も上がった。まだ荒削りだがそのポテンシャルは多くの者に夢と期待を抱かせた。だが当の本人は「KAIENTAI　DOJOの吉田綾斗」というアイデンティティーを持って新日本に上がっていた。彼は本当にこの団体が大好きなのだ。

そんな中で見つけたベストパートナーがタンク永井だった。レスリング仕込みの実力と強靭な肉体でデビュー早々から活躍する暴走戦車である。

レスラーとしてのタイプが違う2人は2018年9月から「シリウスロア」というタッグチームを結成する。地球上から見える最も明るい恒星シリウスと「吼《ほ》える」という意味を持つ「ロア（roar）」を組み合わせた造語である。この「シリウスロア」に対する彼の思い入

れは深い。

「（タンク永井は）本当にただただ尊敬すべき先輩であり、最高のパートナーですね。タンクさんの独特な発想とチャレンジ精神は見習うべきところだと思ってます。あとこれはタンクさんには失礼かもしれないですけど、どっか似てるところもあるのかな、と思いますね。プロレス以外のところも。なにかあれば相談するのもタンクさんですし、今は頼りに頼ってますね（笑）。パートナーであり、先輩であり、お兄ちゃん的な存在でもある感じです。自分はプロレスにおいてタッグマッチが大好きなんで、その上でパートナーというのは本当に大切です。そんな自分にとってタンクさんは最高のパートナーです」

2AWを支える2人が手を取り合って誕生した「シリウスロア」。今後は団体を越えて、日本インディー界を代表するタッグチームになるのか？　綾斗は「『シリウスロア』という言葉を聞いたらタンク・吉田と広範囲に認識されること」を目指しているという。

2019年の年初、綾斗は大きな決断を迫られることになった。

この年の1月、師匠のTAKAみちのくがKAIENTAI　DOJOを去った。綾斗が新日本に参戦するパイプとなっていたのが、鈴木軍のメンバーであるTAKAだった。師匠が団体を去ることによって、今後の去就が注目されることになった綾斗。

2019年2月11日、新日本・大阪大会で海野と組んで当時のIWGPタッグ王者・EV

IL&SANADA組と対戦した綾斗は試合後にこう語った。

「俺はこの、ひとシリーズ、ひとシリーズ、次に繋げれるかの勝負やから。今回がどう映ったかわからんけど、チャンスもらえるなら、自分はいつまでも上を目指して頑張っていくんで、よろしくお願いします」

この頃の綾斗にはさまざまな選択肢があり、水面下で自身の今後について考え、周囲からの声にも耳を傾けていたのだろう。でも、彼の根本は変わらなかった。

「自分はKAIENTAI　DOJOが好きなんだ」

その思いはブレなかった。そうなると決断は明白である。新日本の3月シリーズ「NEW JAPAN CUP2019」に彼の名前はなかった。団体に残留する決断をしたのである。

なぜ彼はその決断に至ったのか？　ストレートに尋ねるとこんな答えが返ってきた。

「今回、色々な選択肢がある中でKAIENTAI　DOJOに残ることを選びました。色々なことを経験したからこそわかったことがあったんです。どんな時も帰ったら自分の団体が一番と思えたし、辛いときも団体の仲間がいると思えば頑張れた。本当に好きなんですよ、KAIENTAI　DOJOという団体が」

恐らく一レスラーとして考えたら、よりプラスになる選択肢もあったのかもしれない。だが、綾斗が大切にしたのは、団体への愛だった。この決断に彼は全く後悔はないという。

団体残留を決断し、2AWのエースとなった綾斗

2019年4月13日・KAIENTAI DOJO後楽園ホール大会で綾斗は同期・浅川紫悠との、団体最高峰CHAMPION OF STRONGEST-Kのタイトルマッチに挑んだ。これまでこのタイトルに幾度も挑み敗れてきた。そして同期の浅川に先にSTRONGEST-Kを取られ先を越されたという悔しい思いをしていたからこそ、この日はなんとしても結果と内容を残さなければいけない。

序盤から感情がぶつかる打撃戦、浅川の右ヒザへの集中攻撃やバーニングハンマー、リベリオン（ラリアット）といった大技攻勢をしのいで、必殺のバックドロップで悲願のSTRONGEST-Kを獲得すると、綾斗は試合後に「自分はこの団体を選んだのは、この団体に残ったのは、この団体が、ここのみんなが好きだったからです」とマイクで語った。会場は割れんばかりの大歓声に包まれた。綾斗はこの浅川戦が「レスラー人生における現時点のベストバウト」だと語る。その後、団体名変更に伴いSTRONGEST-Kは封印された。綾斗は最後のSTRONGEST-K王者となった。

団体最高峰王座は2AW無差別級王座に移行された。最後のSTRONGEST-K王者の綾斗

は2019年9月1日・後楽園ホール大会で開催された初代王者決定トーナメント準決勝から参戦するも決勝で浅川に敗れてしまった。試合後に綾斗は初代王者になれず、空席が目立った興行に対する悔しさと2AWへの思いを爆発させる。

「一番大きい、一番大事なところで負けた。ただ今は悔しい。負けたこともベルトを取れなかったことも悔しいけど、お客さんに2AWをもっともっと大きくすると4月に言ってから、ちゃんと結果出せていないから。ベルトを取って2AWを俺が大きくするから」

KAIENTAI DOJOから2AWと団体の名称が変わり、エースとなった綾斗。2020年からは全日本プロレスに本格的に参戦し、ジェイク・リーや野村直矢、岩本煌史、プロレスリングBASARAの阿部史典というイキのいい次世代レスラーたちが集うユニット「陣JIN」のメンバーとなった。全日本のヘビー級戦線に殴り込むことでレスラーとしてのバリューを上げようとしている。

全日本参戦する一方で彼は日々、団体の地盤である千葉を中心に地道な営業活動を続け、2AWの認知度を上げるために奮闘している。2AWで彼がやりたいことは何なのか？

「とにかく千葉をもっと大切にしたい。千葉を中心に色々な活動ができたらと思っています。2AWで大切にしていきたいのは、プロレスを知らない人たちに『プロレスってこんなに面白いんだよ』ということを伝えていくことです。それが今後の目標ですね」

現に、2AWは名称変更時の記者会見で、千葉県内の高齢者、障がい者、児童養護施設、幼稚園、保育園などへの慰問、過疎市町村での無料試合開催などの活動を通じて、千葉を元気で活力のある県にすることを目標に掲げている。このような草の根運動が団体の明るい未来につながることを期待したい。

好きなことを好きなだけやれる最高の人生を歩んでいる

さて、プロレスキャリアはまだ5年未満でありながら、団体を背負う立場となった綾斗。彼は今後どのようなプロレスキャリアを目指すのだろうか？　対戦してみたいレスラーや上がってみたい団体はあるのだろうか？　綾斗の答えは興味深いものだった。

「今まで対戦したことがない人と全員やってみたい。海外の団体にも上がってみたい。海外への長期遠征にも興味がありますが、今は2AWを上げなければならないのでいずれは……。自分はこうなりたいというゴールを決めたくないんです。こだわりをもたないというこだわりがあってもいいと思うんです。得れるものは得て、吸収していきたい。プロレスをやっている間は無限に成長したい。そして2AWをたくさんの人に見てもらいたい」

団体を愛する綾斗。その思いは相当深いものがある。

「家みたいな感覚なんです。２ＡＷは自分の家です。家に帰るのは当然だと思うのでこれからも帰ります（笑）。いつでもただいまと言えばおかえりと迎えてくれる２ＡＷのみんなの元に……」

団体がマイ・ホームだからこそ、人生における大きな決断も揺らぐことはなかった。帰るべき場所があるからレスラーとして無限に成長する。そして２ＡＷという家を守り、豊かにさせていく。それが今の彼の生きがいなのかもしれない。

「自分は今まで自分が好きだと思うことをやってきました。自分が好きなものだから、人に言われてもやめないし、まわりが何を言おうと関係ないんです。自分は好きなことを好きなだけやれる最高の人生を歩んでいるなと思います」

かつてそのストレートで情熱的な生き方で一時代を築いた小橋建太は、あまりにも裏表がないベビーフェイスぶりから「奇跡の生命体」と呼ばれプロレス界のカリスマとなった。

その小橋の英雄性の系譜を、今のプロレス界の若手レスラーで引き継ぐ存在になるのは、案外、綾斗だったりするのではないか。日本プロレス界期待の星が、これからどこまで大ブレイクするのか。その成長ストーリーに期待したいものである。

恒星の貴公子は団体という家を守りながら、無限に成長するためにレスラー人生を歩んでいる。アクティブでアドバンスな２ＡＷの若きエースは団体と共に発展途上なのである。

◎吉田綾斗（よしだ・あやと）

［身長体重］183cm、98kg

［生年月日］1992年9月27日大阪府大阪市出身

［デビュー］2015年11月1日

［タイトル歴］STRONGEST王座、STRONGEST-K TAG王座、K-METAL LEAGUE2016優勝

［得意技］バックドロップ、クロスホワイト、NO WAY OUT

千葉のローカル団体2AWのエース。総合格闘技&キックボクシングで培った打撃は強烈であり、最大の武器。かつて新日本プロレスにシリーズ参戦し、現在は全日本プロレスに参戦する業界の未来を担う可能性を持つ大器。

【第三章】

ディック東郷（みちのくプロレス）

名匠のダンディズム
男は黙して
プロレスという作品を創る

写真提供：東京スポーツ

「インディーやメジャーという
括りは好きではない。
でもインディーがあったから
僕みたいな体の小さい人間でも
レスラーになれた。
インディーがあったから
今ここにいる」

――ディック東郷

レスラーたちが認める「プレイヤーズ・プレイヤー」

本書で取り上げるレスラーを選出する際、編集者から「元ＷＷＥの日本人レスラーを取り上げてほしい」というリクエストがあった。

それを聞いて真っ先に思いついたのが、レスリングマスターと呼ばれる元ＷＷＥのディック東郷だった。１７０センチ、90キロと決して大きくないが、驚異の俊敏性と玄人を唸らせるテクニック、パンプアップした肉体を誇る実力者である。

プロレスは人生の縮図だと言われている。レスラーにはそれぞれに特性に見合ったポジションがあり、それを全うしたり、抗ったり、向き合ったりする人間ドラマだと思う。

そんなシステムの中で、東郷はどのようなレスラー人生を送ったのか？　また東郷はプロレスラーたちから極めて高く評価され、リスペクトされている「プレイヤーズ・プレイヤー（プロ中のプロ）」でもある。なぜレスラーたちは東郷に一目置いているのか？　それらのテーマも含めて、彼のプロレス論がどうしても聞きたくなったのだ。

今こそ、東郷のレスラー人生を追う旅に出かけることにしよう。

プロレスとの出会いはいじめだった

東郷は1969年8月17日、秋田県大館市で生まれた。本名は佐藤茂樹という。小学生の時は足が速いから陸上部に入り、中学生になると父がテニスをしていたという理由でテニス部に入った。

東郷はいわゆるいじめられっ子だった。同級生から理不尽な暴力を振るわれる日々が小学校から中学校まで続いた。そんなある日、東郷は夜中にテレビでプロレス中継を見た。リングの上でレスラーたちが様々な技を掛け合っているのを目の当たりにし、衝撃が走った。

「僕がやられていたのは、これだったのか！」

いじめっ子たちは東郷にプロレス技をかけていた。プロレスを見たことがなかった東郷はそれが分からなかったのだ。

プロレス中継を見ているうちに、だんだん東郷はプロレスに夢中になっていた。当時、良く見ていたのは新日本プロレスだった。

「アントニオ猪木さん、初代タイガーマスク、長州力さんのプロレスを見ていました。ただこの人のファンというのはなかったんです。みんな好きで見ていましたね」

プロレスファンになったことで、東郷に変化が訪れる。いじめに慣れていったのだ。わざと大げさに痛がったり、派手なリアクションをしたり、痛みを緩和するために殴られた瞬間に後ろに身を引いたり……。いじめられながら、無意識にプロレスをしていたのだ。そして彼はいじめを克服していった。

次第に東郷はプロレスラーになることを目標にするようになっていた。高校入学時、プロレスに役立ちそうな部活に入ろうと思ったが、格闘技系の部活がなく、学校で一番きつい運動部は野球部だと言われたのでそこに入った。東郷は野球に興味がなかったので、ひたすらプロレスラーになるためのトレーニングばかりしていたという。

プロレスラーになるために上京・紆余曲折の末、ユニバーサルでデビュー

高校を卒業した東郷は、静岡の製紙メーカー・大昭和製紙（日本製紙）に就職する。そこを一年で退職し、プロレスラーを目指し上京。大仁田厚が旗揚げしたインディー団体・ＦＭＷに入門する。

だが、ＦＭＷは「何か違うな」と思い、デビューすることなく道場から逃げ出した。当時は道場住まいだったため、住むところがなくなり上野で２日間野宿したこともあった。その後、４畳半のアパートに移ったところで、東郷は次の行動を起こす。

渋谷区宇田川町にある小さなビルで日本プロレス界初のルチャリブレ（メキシコのプロレススタイル）を基本としたインディー団体・ユニバーサル・プロレスリング（以降はユニバーサル）が上映会を開催していた。その会場には、後にザ・グレート・サスケに変身する三度笠姿のMASAみちのく、スペル・デルフィンに変身する前のモンキーマジック・ワキタ、現在、新日本プロレスで活躍する若き日の邪道（クーリー〝クラッシュ〟SZ）と外道（ブルドッグ〝パニッシュ〟KT）がいた。

東郷はその上映会に出向くと、「プロレスラーになりたいので、入門させてください」と団体の代表・新間寿恒氏に直談判したのだ。すると「毎週水曜日に全日本女子プロレス（以降は全女）の道場で練習しているから来ればいいよ」とあっさりOKをもらった。

「そこから毎週水曜日に全女の道場に通って、邪道さんや外道さん、サスケさん、デルフィンさんにプロレスを教えてもらいました。本当にみんなに可愛がってもらったので、いじめとかは全然なかったですね。みんなお兄さんみたいな存在でした。ただ、たまにウォーリー山口さん（ユニバーサルのレフェリー）が道場にやってきて、ショルダースルー100連発の受け身とかをさせられたのはちょっと……。全女道場のリングはめちゃくちゃ硬いんですよ。だから嫌でも受け身は上手になりましたよ（笑）」

こうしてユニバーサルに入門した東郷。次々と練習生が辞めていく中で、彼はプロレスラーになるために耐え抜いた。

「ユニバーサルの頃はぺーぺーだったので、グラン浜田さんがシリーズごとにメキシコから来日すると、その付き人もやっていました。当時はすでにサスケさんもデビューしていたので、練習生は僕だけ。だから売店の売り子、リングの設営、浜田さんの付き人、荷造り、外国人選手の世話係と、1人5役くらいやってました。ユニバーサルは3ヶ月に一度、大きなシリーズがあったんですが、その間は寝る暇がなかったです。先輩レスラーの洗濯、マッサージもしなきゃならなかったので、とにかく大変でした。そういう生活を10ヶ月くらいやっていましたね。シリーズ以外は練習と多少の雑用がメインだったので、なんとか乗り切れました」

1991年6月5日、ユニバーサル後楽園ホール大会において、東郷は巌鉄魁《がんてつさきがけ》というリングネームでデビューする。相手は先輩のMASAみちのくだった。新人時代の東郷は、秋田県出身ということでなまはげの格好で入場していた。

「本場メキシコのルチャリブレを直輸入」というコンセプトで旗揚げされたユニバーサルには、スター選手だけではなく悪役、お笑い担当、職人レスラーなどさまざまなタイプのルチャドールが参戦。そこにルチャに影響を受けたグラン浜田、浅井嘉浩《よしひろ》（ウルティモ・ドラゴン）、MASAみちのく（ザ・グレート・サスケ）、モンキーマジック・ワキタ（スペル・

デルフィン)、クーリー〝クラッシュ〟SZ(邪道)、ブルドッグ〝パニッシュ〟KT(外道)といった日本人レスラーが加わることで日本独自の「ジャパニーズ・ルチャ」として存在感を示していた。そんなリングで新人時代を過ごした東郷は、セコンドについてプロレスラーとしてのアイデンティティを形成していった。

「ユニバーサル時代、間近でメキシコのスーパースターたちを見ることができたのは、僕の大きな財産ですね。スペル・アストロ、ブルー・パンデル、カト・クン・リー……。それぞれに個性があるんです。なかでも特に影響を受けたのは、ベスティア・サルバへですね。この人の受け身は本当に勉強になりました。受け身を取る姿勢、タイミングを、ビデオを何度もスロー再生して研究しましたね。『こうやって高く飛んで受け身をしているのか』なんて感じで見ていました」

1992年7月にメキシコ遠征に旅立った東郷は、ティグレ・デ・トキオ(東京の虎)というリングネームでグアテマラに3週間遠征。その後、一時帰国するも再びメキシコに渡り、マスクマンSATOに変身する。

翌年4月、日本に凱旋した東郷はザ・グレート・サスケが岩手県で旗揚げした日本初の地域密着型プロレス団体・みちのくプロレス(以降みちのく)に、マスクマンSATOとして参戦。その後、みちのくプロレスに正式に入団することになる。

日本初の地域密着型プロレス団体・みちのくプロレスのナンバー2

みちのくに入団した東郷は、エースのサスケを助け、新人のTAKAみちのくや獅龍《しりゅう》（カズ・ハヤシ）をサポートする正規軍副将として、スペル・デルフィン、新崎人生、愚乱・浪花のデルフィン軍団に立ち向かった。当時はパワースラム、三角飛び式トペ・コンヒーロを得意技にしていた。後に東郷の代名詞となるダイビング・セントーンも使っていた。

みちのく初期を彩った目玉カードは、サスケとデルフィンのライバル対決だった。当時、みちのくのナンバー2だった東郷に、2人はどのようなレスラーに映っていたのだろうか。

「僕のプロレス観は邪道さんと外道さんに近いので、レスラーとしては2人（サスケとデルフィン）とはタイプが違います。多分見てきたものが違うんです。サスケさんやデルフィンさんは初代タイガーマスクを見てきて、攻める人が好きなんです。邪道さんと外道さんは受けのうまいレスラーをずっと見てきた。僕もそれに影響を受けてきたんです」

そんな東郷にとって天敵となったのがデルフィン。1993年12月10日にデルフィンとのマスカラ・コントラ・マスカラ（敗者マスク剥ぎマッチ）に敗れてマスクを脱ぎ、1994年3月4日、デルフィンとのマスカラ・コントラ・カベジェラ（敗者マスク剥ぎor髪切りマッチ）に敗れて坊主頭になった。

１９９４年４月16日、両国国技館で開催された新日本プロレスのジュニアヘビー級オールスター戦・スーパーＪカップにサスケ、デルフィン、ＴＡＫＡが参戦し活躍したことによって、みちのくは全国区となった。Ｊカップ以降、新日本とみちのくは選手交流が盛んになり、東郷も１９９４年６月１日の新日本・仙台大会に初参戦している。「みちのくの隠し玉」と紹介された東郷は、新日本プロレスに参戦して何を感じたのか。

「当時のインディーにとって、新日本に上がることはとても大きかったですね。実際、新日本の翌日のみちのくの大会は、ほぼ満員でした。それくらい影響があったんです。ただ、僕自身は当時、鎖国主義というか新日本に出たいとはそれほど思っていなくて。他団体もいいけれど、みちのく自体をどうにかしようと思っていました。実際に新日本の選手と闘ってみた感想ですが、体の力を感じましたね。持っている存在感や体力がインディーとは違うなと。〝圧〟を感じましたね」

この東郷の言葉を聞いて思い出した試合がある。１９９６年６月17日の新日本・日本武道館で開催された全試合ジュニアヘビー級のタイトルマッチという前代未聞のビッグイベント「スカイダイビングＪ」。この興行で、当時英連邦ジュニアヘビー級王者だった東郷は獣神サンダー・ライガーの挑戦を受けた。

岩石のような強靭な肉体に、パワーとテクニック、頭脳を併せ持つオールラウンダーとしてみちのくで絶対的な強さを誇っていた東郷だったが、当時ジュニアヘビー級の帝王に君臨していたライガーを目の前にするとどこか格が違うように見えた。試合はライガーの横綱相撲となり、東郷は持ち味を発揮する前に敗れてしまった。東郷にとってこのライガー戦はレスラー人生のターニングポイントになった試合だったという。

「1996年のライガー戦は、大きな舞台に慣れていなくて、正直呑まれていましたね。ライガーさんにも、大きな舞台にも呑まれました。やっぱりライガーさんはファン時代からテレビで見ていた存在、そういう人と闘うわけですからね……」

この頃のメジャーとインディーには、体格やテクニック以前の、目には見えない絶対的な壁のようなものが存在していた。その壁に苦闘し、その差を埋めていったのがインディーのリングでメジャーに負けない試合のクオリティーを提供していた反骨の猛者たち。その中の一人が東郷なのである。

悪の才能に目覚めた海援隊時代

縁の下の力持ちのように正規軍副将としてみちのくを支えた東郷が、自身の立ち位置を変え、ルード（悪役）に転身したのが1994年9月のこと。獅龍、テリー・ボーイ（MEN'Sテイオー）と共にルードユニット・平成海援隊を結成する。1995年にケガで長期欠場に追い込まれ、翌1996年に復帰するとユニット名を海援隊☆DXに改名し、圧倒的な強さとうまさに裏打ちされた暴走ファイトでみちのくを制圧していった。

「海援隊の名前の由来は、金八先生です。僕がもともと金八先生が大好きで、主演の武田鉄矢さんが海援隊という音楽グループを組んでいたんですね。それで調べてみると、海援隊はもともと幕末の志士、坂本龍馬が作った組織の名前であることが分かった。じゃあ、それをチーム名にしようと。当時のみちのくは、いい意味でも悪い意味でもアットホームだった。ルードとしてデルフィン軍団はいましたけど、おちゃらけた雰囲気でちょっと違うなと感じていました。だったら僕なりのルードユニットを作ろうと思って、海援隊が生まれたんです」

海援隊は、それまでのみちのくにはなかったハードな攻防を持ち込んだ。

「当時のみちのくには流血戦がなかったんです。でも、海援隊の試合では流血が当たり前のようにある。最初の頃は、お客さんからブーイングされたり、『やめてくれ』と批判されたりすることも多かったです。でも、押し通すしかない。しばらく続けていると、だんだんお客さんもマヒしてきたのか、『やっぱりこれもいいな』と受け入れてくれるようになったんです。で、僕らが目立つ一方で、デルフィン軍団のふがいなさが露呈するようになって、『海援隊が言っていることは理にかなっている』と支持する人が増えていきましたね」

ちなみに怪我による長期欠場から復帰後にリングネームをディック東郷に改名している。実は海援隊の仲間であるテイオーも獅龍も怪我で長期欠場していた。

「あるシリーズで足首を負傷して欠場することになったんですが、同時にテイオーと獅龍も怪我で欠場したんです。さすがにこれは縁起が悪い、となって改名することにしました。よく漫画の『ゴルゴ13』からとったんじゃないかって言われますけど、当時はデューク東郷のことはまったく知らなかった。ディックは、ディック・ザ・ブルーザー、ディック・マードック、ディック・スレーターなど、喧嘩屋のイメージがある外国人レスラーから。東郷は日系レスラーに多く、海外で使いやすい名前だから選びました。実はこの頃から海外志向があって、アメリカやメキシコなど色々な国で受け入れられやすい名前にしたんです」

３人で運営していた海援隊は１９９６年に勢力を拡大。ＴＡＫＡみちのく、船木勝一（フナキ）、中島半蔵がメンバーに加わった。海援隊は当時のプロレスの世界のトレンドをいち早く採り入れた革新的ユニットだった。

「僕らはみちのくの巡業バスには乗らず、独自にバンで移動していました。バンの中ではよく『今日の試合はこうしよう』『今日の試合はどうだった』という感じでミーティングしていましたね。みんなでいいものをつくっていこうと一致団結して、新しい連携とかも考えたり、上下関係なく意見交換していたんです。その会話が試合に生きるんです」

ちなみに1人が相手をキャメルクラッチで固めて、もう1人が顔面に低空ドロップキックを放つ、相手をコーナーに逆さ吊りにして、複数で相手の顔面に低空ドロップキックを放つ、2人が相手の腕を捕らえて、1人がその相手の背中に乗ってポージングをする（「ピラミッド」と呼ばれる）といった、これらのコンビネーションの元祖は海援隊である。また獅龍のダイビング・ボディプレス→テイオーのダイビング・エルボードロップ→東郷のダイビング・セントーンへと繋ぐ空中弾三連発は、「ハルマゲドン」と呼ばれた海援隊の連携における最終奥義だった。

試合前後のミーティングやバンでの移動、いい試合をするためにアイデアを出し合う海援隊の姿勢、絶妙な連携は今のプロレス界で例えると新日本の人気ユニットであるロス・インゴベルナブレス・デ・ハポンに近いと言えるかもしれない。

プロレス史に刻まれた「デルフィン股くぐり事件」

海援隊の大将として驀進《ばくしん》する東郷はスーパーウェルター級王座、英連邦ジュニアヘビー級王座を獲得していく。事実上みちのく最強の男として大暴れする東郷は1997年6月22日福島・サンシャイン浪江でのデルフィン戦でプロレス史上に残る大事件を起こしてしまう。勢いに乗る東郷と海援隊に連戦連敗のデルフィンの一騎打ち。戦前から会場には危険なニオイが漂っていた。試合は予想通り、東郷がデルフィンを圧倒し、戦闘不能状態に追い込む。その時、東郷がマイクで「俺の股をくぐったら許してやるよ」と挑発すると、なんとデルフィンがゆっくりと、だが何の迷いもなく四つん這いで東郷の股をくぐってしまった。

これを戦意喪失と判断したレフェリーが東郷の勝ちを宣告。前代未聞の結末に、東郷と海援隊は激怒。試合後もデルフィンをボコボコにし、マスクやコスチュームを引きちぎり、しまいには黒スプレーで背中に「バカ」と落書きする始末。あまりにも不甲斐ないデルフィンの姿、東郷と海援隊の凶行に観衆は激高し、暴動騒ぎ寸前に陥った。これが俗にいうプロレス史に刻まれた「デルフィン股くぐり事件」である。

「デルフィンさんの不甲斐なさが遂にいくところまでいって、『どうする？　こいつ』みたいな感じになったんです。それでなにか屈辱的なことをやらせようとなって、思い出したのがジャッキー・チェンの映画（『酔拳』）でした。映画の中で負けたジャッキーが、相手の股を潜るシーンがあったんです。それが頭の中に残っていて、これをやらせてみようと思ったんです。会場の反響は予想以上でしたね。ファンの方が会場にデルフィンさんの垂れ幕を掲げていたんですが、それを破ったんです。黒スプレーで落書きしたのもその場の思いつきです。恐らくｎＷｏ（当時世界中でムーブメントを起こしていた暗黒ユニット）の影響です。試合後、海援隊のバンをファンが取り囲んでいて、どうやって会場から出るか大変でした」

この試合以降、デルフィンは長期欠場に入る。4ヶ月後にビルドアップして帰ってきたデルフィンは6人タッグマッチで東郷にリベンジを果たしている。東郷自身はこれまでのレスラー人生で印象に残った出来事として、このデルフィンとの抗争を挙げている。

世界最高峰のWWE入団するも、みちのく分裂劇が発生

1998年3月に東郷はテイオーと船木と共に、世界最高峰のプロレス団体WWE（当時・WWF）に入団する。インディーの実力者は遂にメジャーリーグにたどり着いた。

「きっかけは、アンダーテイカーが出たみちのくの両国大会（1997年10月10日）ですね。会場にWWE副社長のブルース・プリチャードが来ていたんですが、自分たちの試合を見て『あっ、いいね』と思ってくれたらしいんです。もともとWWEにはサスケさんとTAKAが上がっていました。それでTAKAだけが残るんですが、TAKAはビクター・キニョネス（プエルトリコのプロモーター）経由で入団していたんですね。そのビクターが僕たちをプッシュしてくれて契約までいきました。WWEは日本で考えられない規模と大きさですよ。

丸々テレビのセットがそのまま巡業しているわけですから。スタジアムの規模も違うし。中に入ればコスチューム屋はあるし、あとＷＷＥレスラーというだけで使えるジムもあったりするんです」

１９９８年3月29日のニューヨーク大会、デニムのショーツにスウェットというストリートファッションに身を包んだ東郷、テイオー、船木の３人が観客席から乱入、盟友のＴＡＫＡを襲撃。これがＷＷＥでの初お目見えになった。もともとは「クラブ・カミカゼ」というユニット名でデビュー予定だったが、日本でのユニット名「ＫＡＩＥＮＴＡＩ」に変更になり、その後、ＴＡＫＡも加入し、みちのくを席巻した海援隊がＷＷＥで復活した。

ＫＡＩＥＮＴＡＩは１９９８年8月にマディソン・スクエア・ガーデンで行われたサマースラムに出場するなど、着実に存在感を発揮していた。しかし、そんな最中、東郷は思わぬ行動に出る。なんと契約期間中にも関わらず、ＷＷＥを退団してしまうのだ。

なぜＷＷＥを退団することになったのか。その裏には古巣・みちのくの分裂劇があった。

「サスケさんとデルフィンさんが喧嘩別れをしたのが退団の原因です。みちのくを離れたデルフィンさんが大阪プロレスを旗揚げして、それで呼ばれたんです。ＷＷＥは2年契約でしたが、1年で切ってもらって……。今考えると何てバカなことをしたんだと（笑）」

大阪プロレスを経て、古巣みちのくへ、そこで再会した先輩・外道

1999年3月にWWEを退団した東郷は帰国し、デルフィン率いる大阪プロレスに参戦。「LOV」というユニットを結成し、デルフィンと相対してきた。だがそれもつかの間だった。2000年10月、東郷は大阪プロレスを離脱することになる。

フリーとなった東郷の次の主戦場は古巣みちのくだった。そのリングで東郷は懐かしい男と再会する。当時、FMWを離脱し、様々な団体にフリーとして参戦していたユニバーサルの先輩・外道である。これまでリング上ではほとんど接点がなかった東郷と外道。2人で「FEC（ファー・イースト・コネクション）」というヒールユニットを結成し、大暴れをする。みちのくで復活したユニバーサルのタイトル、UWA&UWF認定インターコンチネンタルタッグ王座も2人で獲得した。プロレス界を代表する職人レスラー・外道は東郷にとってどんな存在なのか？

「外道さんは僕がデビューする前から見ている先輩ですが、見ても組んでも凄いと思えるレスラーですね。外道さんは攻撃をそれほどしていないのに魅せるじゃないですか。あえて大技を使わない……」

ここで東郷は考え込んでしまった。外道の凄さを伝えようとするのだが、その凄さをうま

く表現できずにいたのだ。私は僭越ながら「東郷さんが考えている受けのレスラーの最高峰が外道さん、ということじゃないんでしょうか」と水を向けた。すると彼は頷いて「そうですね」と答えてくれた。

「2011年の引退試合で外道さんと闘いましたが、やっぱり凄かったですね。基本的にレスリングがうまいし、受け身もうまい。それに加えて人が気がつかないことを試合の中でやっているんです。ただこれはファンが見ても分からない部分だと思います」

そんな外道は東郷の引退試合で「東郷、おめえは俺の中で過去・現在・未来において、ベストのレスラーだ」と称えている。外道にとっても東郷は誇れる後輩であり、1人のレスラーとしてリスペクトしていたのだ。ちなみに東郷にとってこれまでのレスラー人生における印象に残った試合として、まず挙げたのがこの外道戦だった。また自身のベストパートナーにも外道を挙げた。プロレスラーとして相思相愛の関係だったのである。

全盛期にプロレス世界ツアーを経て一度は引退

みちのくにカムバックした東郷は、2002年8月にみちのく最強リーグ戦「鉄人」で4代目タイガーマスクと名勝負の末に勝利し、初代東北ジュニアヘビー級王者となった。そこから新日本、ＫＡＩＥＮＴＡＩ ＤＯＪＯ（２ＡＷ）、ＤＤＴなどを転戦し、さまざまな国内タイトルを獲得していく。２００７年にはＴＡＫＡとのコンビで新日本のＩＷＧＰジュニアタッグ王座を奪取し、メジャータイトルも手にした。ありとあらゆる団体のベルトをコレクションし、好勝負を次々と量産していく東郷には〝レスリングマスター〟の異名がつくようになる。

そんな東郷は一度引退している。２０１０年4月に記者会見を開き、翌年6月に日本でのプロレス活動を引退、その後、1年間は日本を離れ、世界中でプロレスを行いボリビアで引退試合を行うことを発表する。理由は「レスラーとして、今が一番コンディションが良く、一番良い時に引退したい」だった。つまり全盛期のまま引退する道を選んだのだ。

引退を発表した東郷はＤＤＴ所属のレスラーとなった。２０１０年11月28日に、佐藤光留が保持するＫＯ‐Ｄ無差別級王座に挑戦して戴冠。するとここから東郷は神がかりな防衛戦を展開していく。

２０１１年1月に愛弟子・アントーニオ本多を破ると、2月にはＤＤＴのエースＨＡＲＡＳＨＩＭＡを初公開のラ・ミスティカ式クロスフェイスからのディックキラー（相手の空いている腕を取って締め上げるクロスフェイス）で撃破、3月にはプロレス界の至宝・飯伏幸太との名勝負を奥の手カナディアン・デストロイヤー式ペティグリー（前方回転式ペティグリー）からの十八番ダイビング・セントーンで制した。5月の大巨人・石川修司戦には敗れたものの、30分越えの大激闘を繰り広げた。王座獲得した佐藤光留戦とこれらの防衛戦はいずれも名勝負となった。この時期のKO‐D防衛ロードは東郷にとっても印象に残っている試合だという。

「引退前のKO‐Dのタイトル戦は印象に残っていますね。引退間近ということもあったし、タイトルマッチですべて燃え尽きようと思って、食事にもかなり気をつかっていたし、試合までにシミュレーションを何度もやりました。一試合一試合、大事に試合していたので今でも覚えているんです」

2011年6月30日の引退興行「IKIZAMA」での外道戦で国内引退。そこから8月に世界ツアーがスタート。アポなしでバックパッカーとして自ら地元のプロモーターと交渉し、オーストラリア、ヨーロッパ、アメリカ、中南米を転戦した。

2012年6月に目的地・ボリビアに到着し、引退した。なぜこのような世界ツアーをして、引退しようと考えたのだろうか。

「僕は坂本龍馬が好きなんですが、チェ・ゲバラも好きなんです。ゲバラは革命を指揮してボリビアで亡くなった。プロレスをしながら世界を放浪して、ゲバラ終焉の地のボリビアでレスラーとしての最期を迎えたい。そう思ったんです。この世界ツアーは本当に楽しかった。

色々な国にいきましたが、印象に残っているのはやっぱりボリビアです。一番長くいましたし、現地の人にも本当によくしてもらいました」

「世界ツアーで印象に残った対戦相手」を聞くと、彼は意外な名前を出してくれた。

「デーブ・フィンレーです。ドイツで試合会場に行くと、いきなり『フィンレーと試合ですよ』って言われて。一応、どの会場でも対戦前に挨拶にいくんですが、フィンレーだけは『俺に近寄るな』という雰囲気を出していて挨拶させてもらえませんでした。僕はどんな相手でも、試合になればコントロールできる自信があった。でもフィンレーは違いましたね。ロックアップを組めば、動かせるかどうかはわかるんです。フィンレーは僕より年上だったけど、体の力が凄くて、ロックアップしても全然動かせない。それに加えて、フィンレーの目が怖かったですね。リング上で相対していると、『殺される』と思うほど殺気があった。プロレスラーですから目で威嚇するのは当たり前ですが、とにかく冷たいんですよ。あとにも先にもあの時だけですね、そういう感覚になったのは」

世界ツアーを通じて、東郷は世界のプロレスの現状を肌で感じてきた。

「プロレス三大先進国は日本・アメリカ・メキシコです。その中で世界的な影響力があるのはやっぱりアメリカのプロレスでしょうね。ＷＷＥは世界中で見られていますから。いまのアメプロは従来のアメリカのプロレスに、日本のプロレスをミックスしたスタイルなんです。

ほとんどの国のプロレスが、そのスタイルにかなり影響を受けていますね。たとえば、イギリスなんかも伝統的なランカシャースタイルのレスラーは減っていて、アメプロにスイッチしています。メキシコは地方に行けば古いルチャが残っているけど、ＣＭＬＬなど中央の団体の人気レスラーはアメプロに影響されてスタイルが変わったような気がする。もともとメキシコから南米にかけてはルチャスタイルでしたけど、それも今はＷＷＥの影響でアメプロ寄りになってきています。ただボリビアだけは未だにルチャなんです」

引退後、下水道工事の仕事につくも運命は男を復帰に導く

世界ツアーを終えた東郷は、帰国すると生活のために下水道工事の仕事についた。引退から1年後、もうリングに上がることはないと決めていた東郷にある誘いが舞い込む。

「ある人から『ベトナムにこないか』と誘われたんです。ベトナムの中部にダナンという都市があるんですが、そこに新しくショッピングモールを建設する計画があるそうで、一部のフロアを日本村のようにしたいんだと。それで、その中にリングを置いてプロレスをやりたいから、そのコーチをしてくれないか、という話でした。それでベトナムに向かったんです」

だが、ここで誤算が生じる。

「ダナンに着いたんですが、ショッピングモールなんてどこにも建設されていない。プロレスどうこう以前に、声をかけてくれた人もどこかに消えてしまった。正直、これには参りましたね。でも、そんなときにダナンの一番古いホテルにあるカジノのオーナーが助けてくれたんです。その人は日本人なんですが、『困っているんだったら、うちのカジノで用心棒をしないか』って声をかけてくれたんです。カジノでは1年働きましたね。その傍ら、オーナーの理解を得て、プロレスの普及活動もやっていました。もともとはプロレスを教えるためにベトナムに来たので、レスラー募集のチラシを作ってあちこちに貼ったり、日本からリングを取り寄せて道場も作ったり。でも、2年間でベトナム人は1人も来なかった。来たのは日本人とシンガポール人の2人だけ。ベトナムの人はプロレスを知らないんです。ベトナムにプロレスを根付かせようと思ったけど、10年、いや20年は早かったかもしれないです」

そんなある日のこと。日本とベトナムの国際交流のイベントでプロレスをすることになった。そこでカジノのオーナーから「リングに上がってほしい」と依頼された。

「『引退してます』と言って断ったんですが、オーナーから『大丈夫だよ』と言われて、出ちゃったんです。リングで受け身を取ると、現役の時の感覚が甦ってきました。どしゃ降りの雨という最悪のコンディションの中での試合だったんですが、『またプロレスがやりたい』という思いが湧き上がってきたんです。でも引退をしてからまだ2年しか経っていない。あれだけ盛大に送り出してもらったんだから、復帰したいなんて口が裂けても言えないなって。そういう思いを数年は抱えていました」

２０１６年6月5日、東郷はＴｗｉｔｔｅｒで現役復帰を宣言し、7月3日、ＤＤＴ博多大会で復帰する。恥を忍び、自らの美学に反する形でプロレス界に戻ってきた東郷。これはプロレスの神様による「君はプロレスの申し子なのだから、生涯プロレスラーとして全うしなさい」という運命の導きだったのではないだろうか。

フリーとしてあらゆる団体に参戦した東郷は、２０１８年1月13日の岩手・矢巾《やはば》大会でみちのくプロレスに再入団する。リング上から東郷はファンにこう語り掛けた。

「実はいま盛岡に住んでおりまして、気仙沼二郎とメシを食べる機会が増えまして。ずっと見ていて、沼二郎がね、むかしの全盛期のみちのくプロレスに戻すためにね、新人以上に営業とか頑張ってるのを見て、心を打たれました。微力ながら自分が変えられるか分からないけど、後押ししたくなりまして。そういういきさつで所属になろうということになりました。みちのくプロレスは僕の実家みたいなものなので、これから昔の、勢いのあったみちのくプロレスに変えていきたいと思います。どうか応援よろしくお願いいたします！」

みちのくに復帰した東郷は国内外問わずあらゆる団体に参戦している。２０２０年に入り、プロレスリング・ノアに杉浦貴が率いるユニット・杉浦軍のメンバーとして参戦。「グローバルジュニアリーグ２０２０」にエントリーすると一級品の強さと巧さを見せつけて準優勝を果たした。

特に私が印象に残ったのが準決勝でのＧＨＣジュニアヘビー級王者（リーグ戦時点での）・小川良成との注目の初対決。ノアだけではなくプロレス界屈指のテクニシャンである小川のメジャー仕込みのレスリングに対して、インディー出身の東郷がきちんとテクニックで対抗したいわば名人戦となった。

試合はクロスフェイスで東郷が勝利したものの、小川がスキルでも心理戦でも「お前より俺の方が少し上なんだよ」というスタンスをチラリと見せていたのが印象的だった。試合後に小川が東郷に対して「思ったほどのレベルじゃなかった」と語っている。これは本音か、悔しさの裏返しなのか。この試合は実に語りがいのある一戦だったことは間違いない。

レスリングマスターとなった男のプロレス哲学

流浪の果てに東郷は日本プロレス界の名匠になった。若手やベテラン、外国人選手など、どんな相手でも思うように動かし、試合という作品を提供できるという誇りがある。

そんな東郷には初対戦の相手と試合をする際のこだわりがある。

「僕は基本的に海外ではほぼ初めて対戦する相手が多く、何も情報とか先入観とか入れないでリングに上がってました。日本で初めて対戦するレスラーの場合はｙｏｕｔｕｂｅとか見たりするときもあるし、その時の勘なんでしょうね。『この人は何も情報を入れないで試合してみよう』と思うときもあります」

プロレスラーにも様々なタイプがいて、理詰めでいく理論派もいれば、己の感性を重視する感覚派もいたりする。東郷は感覚を大事にする感覚派レスラーのようである。

東郷は２００４年にプロレスラー養成所「ＳＵＰＥＲ　ＣＲＥＷ」を設立（２００６年に経営難により解散）、後進の指導に注力し、多くの有望なレスラーを輩出してきた。現在ＤＤＴでカリスマと呼ばれる人気レスラー・佐々木大輔は「ＳＵＰＥＲ　ＣＲＥＷ」一期生で、東郷イズムを継ぐテクニシャンである。また世界ツアーに旅立った時も、あらゆる国籍の後輩レスラーに指導やアドバイスをしてきた。そんな指導者としてもプロレス界に貢献してきた彼だが、当初は苦戦したという。

「『ＳＵＰＥＲ　ＣＲＥＷ』を立ち上げた時に色んなタイプの生徒が入ってきたんですよ。1を言えば10を分かる人もいれば、10を聞いてもなかなか伝わらない人もいた。最初、僕は教えるのが下手だったんです。自分が割と簡単にできるタイプだったので、どうやって伝えればいいんか、かなり悩みました。でも1年ちょっとすると、色々なタイプの人がいるということがだんだん分かってきた。『こういう時はこう教えればいいんだな』と考えながら教えることを覚えたので、勉強になりました。このときの経験は、海外でプロレスを教えるときにも役立ちましたね」

東郷は50歳を越えた今でもグッドシェイプを保っている。その肉体を維持するための秘訣を聞くと、特別なことはしていないという答えが返ってきた。

「食事は今の年になると甘やかせたら甘やかすほど体に出ちゃうので。かといってずっとストイックにやり過ぎてもしんどいのでほどほどに。あんまり体重計には乗らないので、鏡で見るシルエットで『肉がついてきたな』と思ったら食事をセーブしたり、疲れたなと思ったら、たまに甘いものを食べたり。そのバランスを鏡を見ながらやってますね。練習は基本的にウェイトトレーニングだけ。大事な試合の前には、みちのくの道場にいって練習します」

ここからはレスリングマスター・東郷だから聞きたいテーマである。対戦相手がどうしようもないくらいプロレスが下手だった場合、また相手がプロレス初体験の格闘家など特殊な場合、どのようにして試合を組み立てていくのか。

「格闘家もレスラーも大きく考えるとやっているのは同じ格闘技です。でも、格闘家がプロレスをしても、レスラーにはかなわない。畑が違いますから。なので、僕はそういう相手にはあえて格闘技寄りの試合をしてみますね」

その言葉を実証したのが2011年3月27日のDDT・後楽園ホール大会での飯伏幸太とのKO-D無差別級タイトルマッチだろう。キックボクシング経験者で日本プロレス界トップクラスのストライカーである飯伏相手に、東郷は終盤、キックボクシングさながらの蹴り合いを挑んだ。当時、東郷は通っていたスポーツジムのキックボクシング教室でキックの練習をしていた。その技術を試したくて、試合で披露したという面もあったという。

プロレスラーを論じる際、「強い・弱い」と共に「巧い・下手」という視点がある。プロレスにおける「巧い・下手」を分けるポイントを、東郷は次のように語る。

「プロレスが下手というのは体の使い方を分かっていない人ですね。運動神経がいいから巧いというわけじゃないんです。運動神経がなくても、体の使い方が分かっているからプロレス巧い人はいるし、プロレス頭がある人は運動神経がなくても面白い試合をしますよね。プロレスが下手な人は起きる動作ひとつとってもぎこちない。ロープへの走り方もそうですし、あと自分の居場所が分かっていないんですね。試合をしていて、なんでそんな端っこで試合をしているのって。リングの中央で試合をするのがベターなわけで」

東郷は多くのプロレスラーたちから高く評価される「プレイヤーズ・プレイヤー」である。そうした自身への評価を独特の観点でとらえている。

「プロレスラーには色んなタイプがいます。スター性があってエースやトップになれる人や二番手の役割になる人とか。そこにいける人といけない人がいる。僕はエースとかトップの器じゃない。客観的に見て分かっているので、初めからそこを目指していないんです。（エースやトップの）対極に立ってぶっ潰す側か、マイペースで自分のレスリングを見せていく立場ですよね。あまり人の評価とか気にしないんですよ」

これまであらゆる経験を積み、数々の王座を獲得した東郷にとって理想のプロレスラーとは何なのか？　そのアンサーはまさしく東郷イズムの真髄ともいえる内容だった。

「僕は日本のスタイルから始まって、メキシコのルチャを覚えて、アメリカも経験して。今、自分の形になっているのが、日本のいいところ、メキシコのいいところ、アメリカのいいところを総合的にまとめた感じですね。日本のものも使えないところもあるし、メキシコのものも使えないところもあるし、アメリカのものにも使えないところもあって、それを何となく自分で排除して、いいところだけ取り入れていくような……。レスラーには日本のスタイルでしかできない人もいるし、メキシコやアメリカのスタイルでしかできない人もいる。でも、そういうよりは色々とできた方がいい。最終的に日本・メキシコ・アメリカのいいところだけを取り入れて、自分のスタイルを作っておけば、世界のどこでも対応できる」

日本・メキシコ・アメリカのスタイルをミックスし、独自配合でパッケージしようというのが東郷の理想。そしてこれこそ、前述の外道の凄さを伝えようとしてうまく言えずにいた彼にとっての答えなのではないだろうかと私は考える。東郷の理想をきちんと体現しているのが彼にとっては外道。外道も東郷もメキシコとアメリカでの試合経験が豊富で、それらのスタイルを熟知している。世界中で通用するプロレス、それは究極の理想的プロレスラー像なのだ。

男は黙してプロレスという作品を創る

プロレスに戻ってきた東郷。取材の最後に「参戦したい団体・闘ってみたいレスラー・目標」など今後についてどのように考えているのか単刀直入に聞いてみた。

「もう、あんまり誰と試合をしたい、どの団体に出たいという欲はないんです。これからどんどん年齢を重ねることで体力も落ちるし、しょうがないんですけど。その中で若い選手から『やってみたい』と言われたら、僕は全力でそこにいきたいって。指名してくれる人には自分が持っているものを全部ぶつけたい。まだ壁を越えさせたくない。これからの目標はもう一度、世界ツアーをすることですね。世界中のプロレスを巡るのは50を過ぎてからはできないと思っていたけど、プロレスに戻ってきたらまだ動けるなと。だから、世界ツアーをもう一周したいですね。新しい国を発掘して、できれば30ヵ国ぐらい訪れてみたい。ポルトガルやコロンビア、あとアフリカ大陸にもプロレスが盛んな国があるので行ってみたいですね。一回プロレスを辞めてから他の仕事もしましたけど、やっぱり僕はプロレスしかできないですよ」

東郷のレスラー人生を振り返ってみると、己の理想に忠実に生き、流浪という旅を経て、壮大な浪漫に身を投じた稀有な物語が浮かび上がってくる。

悪役レスラーになった当初は観客のヒートを買うためにビッグマウスを放つこともあった。だが、自分に合わないと感じると次第に口で勝負するのはやめて、リングで試合することで結果を出してきた。それは自身のプロレススタイルや肉体も同様で、いるものといらないものを取捨選択して、研磨していくことでレスリングマスターのスタイルを構築していったのではないか。彼は黙して数多くのプロレスという作品を創ってきたのだ。

なぜ彼がレスリングマスターと呼ばれるのか。その答えはその数々の作品のクオリティーを見れば分かる。彼の作品にはレスリングの上質なコクがある。そのコクを安定供給し、観客やレスラー、関係者を唸らせるからこそ彼はレスリングマスターと呼ばれるのではないか。

レスリングマスター・ディック東郷。彼のダンディズムともいうべき、その生き様は世界中のレスラーたちがリスペクトしている。だが、東郷自身はそれに安住することはない。いまも東郷はプロレスラーとしての永遠の旅の途上にいるのだ。

◎ディック東郷（でぃっく・とうごう）

［身長体重］170cm、90kg

［生年月日］1969年8月17日秋田県大館市出身

［デビュー］1991年6月5日デビュー

［所属］みちのくプロレス

［タイトル歴］東北ジュニアヘビー級王座、KO-D無差別級王座、AWA世界ジュニアヘビー級王座、IWGPジュニアタッグ王座、東北タッグ王座

［得意技］クロスフェイス、ダイビング・セントーン

キューバの革命家チェ・ゲバラを敬愛する世界最高峰の団体WWEでも活動した日本のレスリングマスター。2012年に一度は引退するも、2016年に復帰。現在は古巣・みちのくプロレスに所属する現在進行形のレジェンド。

【第四章】

佐藤光留《ひかる》（フリー）

必要とされる尊さを噛みしめ、夜明けまで走り続ける

写真提供：東京スポーツ

LOVE

「インディーは、クリスマスツリーの飾り。
プロレスというもみの木に
インディーという飾りがあるから
プロレスを他と違う
特殊なジャンルにしてくれる」

――佐藤光留

黄金期も暗黒期も見届けた1980年生まれの雄

私と佐藤光留は同じ1980年生まれである。この世代で少年時代にプロレスに出会った者はなかなか起伏が激しい期間を過ごしてきた。

この時代のプロレスファンは、今とは違い、世間の偏見と闘わなければいけなかった。学校の帰り道、週刊プロレスを駅の売店で買いにいった時に、友人たちから「お前、プロレス好きなのかよ。どこが面白いんだよ」という冷たい視線を向けられたことを今でも鮮明に覚えている。当時のメディアにもプロレスをさげすみ、八百長などと断罪する風潮もあった。レスラーがバラエティ番組にたまに出たとしても、芸人をこらしめる罰ゲーム要員だったり、人を脅かしたりするものが多かった。

「プロレスは最強の格闘技だ」という幻想が脆くも崩れていき、やがて「プロレスは終わった」と揶揄される苦い経験を味わっても、プロレスから離れずにいたプロレスファンはいい意味で諦めが悪い。深く熱くプロレスを愛する者のことを「プロレス者」と形容する。黄金期、暗黒期、復活期をきちんと見届けた我々世代のプロレス者は、喜びも苦しみも共有している気がするのだ。

自ら「変態」を名乗る同学年の佐藤光留はどういう経緯でプロレスと出会い、20年に及ぶレスラー人生を送ってきたのか？

私と佐藤光留は同じ時代を生きてきたからこそ、この取材は必然の邂逅である。

レスリング全国大会3位のプロレス少年

佐藤光留は１９８０年７月８日、岡山県岡山市で生まれた。本名は佐藤弘明という。彼はスポーツの才能に恵まれていた。中学の時に陸上部に所属し砲丸投げに汗を流し、中学３年の時には相撲で県３位に入賞した。高校に進学するとレスリング部に入部。高校３年時に、レスリング全国大会70キロ級３位に輝いているのだ。もし、そのままレスリングに専念していれば日本代表も夢ではなかったのかもしれない。

佐藤がプロレスを好きになったのは小学４年生からで、テレビで新日本プロレスや全日本プロレスを見てファンになった。ある日、佐藤は同じクラスの友だちの家に遊びに行き、部屋にあったプロレス雑誌に目を奪われた。

「週に一度のプロレス中継が待ち遠しい時代に、自分の好きなものが０から１００まで載っているんです。『なんじゃこりゃ！』と。それで読んでみたら、ＦＭＷでノーピープル・デスマッチとかやっているんです。客がいないのに血を流していて、バカじゃないのかと（笑）。新日本は三銃士、全日本は四天王の一歩手前の時代でした。東京ドームの花道を歩くグレート・ムタと獣神サンダー・ライガーに憧れましたね。でもそれと同じくらいどこかの市場でやっている電流爆破も好きで。大量の爆弾をつけて試合したり、前座に『こいつなら俺でも勝てるんじゃないか』という雰囲気のレスラーが出ていたりした、漫画『あしたのジョー』のような世界観のインディーにも憧れましたね」

大仁田厚になりたかった少年が選んだ進路はパンクラスだった

佐藤が本格的にプロレスラーを志したのは、中学生のときだ。岡山武道館で当時引退ツアー真っただ中の大仁田厚の試合を見て、「俺は大仁田厚になる」と決意した。とにかく1日でも早くプロレスラーになりたかった。だが、その気持ちを抑え込んで高校に進学。レスリングに打ち込み、実績を残していく。

そんな中、佐藤は大きな出会いをする。部活の先輩の薦めで、パンクラスの映像を見たのだ。画面の中でパンクラスの選手たちは、佐藤が普段やっているレスリングに似たものを、ハイレベルに展開していた。佐藤はそれを見て、一遍にパンクラスが好きになった。

彼が特に憧れたのが美濃輪育久（ミノワマン）だった。パンクラス入りする前、美濃輪はインディー団体・冴夢来《さむらい》プロジェクトで、掌底と関節技を主体にしたUWFスタイルで試合をしていた。美濃輪がそのスタイルで菅沼修と闘うのを見て興味を持ったのだ。

この頃から高校を卒業したらとにかくパンクラスでプロレスラーになると決めていた。

「高校卒業後はパンクラス以外の選択肢はなかったですね。須藤元気さんの母校・関東第一高校の先生がパンクラスの坂本靖さん（パンクラス本部長）を知っていて、個人的に入門テストをパンクラス横浜道場で受けさせていただいたんです。でも、全然ダメで……。鈴木みのるさんに『やる気があるんだったらもう一回来いよ』と言っていただいて、5月くらいに名古屋で行われた入門テストを受けに行ったんです。今度はダントツで合格ですよ。それでいつから来られるか聞かれたんですが、他の合格者が『1週間後です』とか言っていたので、俺は『今から行きます』って。他のヤツより気合が入っているところを見せたかったんですが、鈴木さんは『それじゃ、人さらいじゃないか（笑）』と。で、1週間後に入門することになりました」

こうして佐藤は1999年5月にパンクラスに入門することになった。

時代の転換期にいたパンクラスでの日々と師匠・鈴木みのる

1993年に旗揚げしたパンクラスは「ハイブリッド・レスリング」をスローガンにした完全実力主義のUWF系団体。「秒殺」という流行語も生み出した衝撃的な試合内容で多くのファンを獲得してきた。団体を支えたエースが船木誠勝と鈴木みのるだった。

佐藤が入門した頃のパンクラスは、UWFスタイルをベースとした試合と、頭突きやヒジ打ちありのパンクラチオンマッチと呼ばれるMMA（総合格闘技）が混在していた時期。佐藤がデビューする直前の2000年1月に、オープンフィンガーグローブ着用、グラウンドパンチ解禁により完全なMMAルールに移行していった。UWFスタイルからMMAに転換していく頃のパンクラスについて佐藤はこう語っている。

「1999年の冬くらいに『来年からグローブをつけてやることになったから掌底の練習はしなくていいよ』と言われて、サンドバッグにグローブをつけてパンチの練習をやらされましたね。掌底に憧れてパンクラスに入ったのに……。グローブをつけた自分の写真を見て『俺グローブ似合わないな』と思いました」

デビューするまでの間は、何かを考える暇がないほど毎日必死に練習していた。

「朝8時に起きて、朝食とって、掃除をして。10時からストレッチやって、ランニングの日は走って、それからスクワット300回、ジャンピングスクワット200回してからタックルの打ち込みをする。それで11時半にスパーリングの用意をして、12時からスパーリングをやるんです。普段はスパーリングのあとに先輩のキックミットを持って打撃練習、その後にちゃんこ番。朝食の後は午後4時までメシが食べられなかったですね」

この頃、特に印象に残っているのが鈴木とのスパーリングである。彼にとって鈴木は入門テストの面接官であり、彼が当時在籍していたパンクラス横浜道場の代表。いわば師匠だ。

「試合が終わってしばらくみんなが道場に来なかったときに、当時長期欠場中だった鈴木さんがやってきて、2時間スパーリングしてくれたんです。19歳のアマレスをやっていた男が鈴木さんとスパーリングして……、もうしんどいとかのレベルじゃないんです。でも、毎日やっていると、ほんの3秒だけ昨日より良くなっているときがあるんです。未だに覚えていますが、鈴木さんに一回カウンターでスパンとタックルが入ったんです。終わった後に鈴木さんに『昨日よりちょっとだけよかった』と言ってもらえて。あれは嬉しかったですね」

「ただ飯を食わせているんじゃない、お前は商品にならないといけない」

2000年2月27日、パンクラスのデビュー戦で佐藤は渡辺大介に判定負けを喫する。MMAルールに転換したパンクラスでも佐藤はプロレスだと思い、師匠の鈴木の教えを守って日々精進していた。

「デビューする前、鈴木さんに『どんな選手になりたいの?』と聞かれたんです。変なことを言ったら怒られるんじゃないかと思って模範解答をしたら、『つまんねぇな』と。『こっちはただ飯を食わせているんじゃない。お前にはバッグボーンはないし、オリンピックに出たわけじゃない。そんなやつが商品にならないといけないんだ』と。それを聞いてハッとしました。鈴木さんが言っているのは、要するにプロレスの面白さ、プロレスラーが持つかっこよさ、あくの強さを持てということなんじゃないかと。鈴木さんは〝できないことをできる〟ようにはさせなかった。その代わりに『得意なことだけやれ』と。MMAは打・投・極で、打撃も投げも寝技もできないといけない。でも、美濃輪さんとか『他人の猿真似をしてんじゃねぇ』なんて言われて、打撃禁止でレガースをつけずにやって、それで勝てなかったら『お前が悪い、それで勝てるやり方を考えなさい』と。今思えば『なんじゃそりゃ』ですよ。でも、鈴木さんの元では頭を使って本当によく考えさせられましたね」

鈴木は弟子が〝プロレスラー〟として商品になるように、それぞれの長所を伸ばすような指導をしていた。後に鈴木はGURENTAIや鈴木軍といったチームを率いることになるが、そこでもメンバーの個性を生かし、長所を伸ばしていく統率力を発揮している。

佐藤はそんな鈴木の元でどのようなタイプの選手を目指したのか?

「僕は鈴木さんから『お前は打撃が向いていない。とにかくタックルに入ったら、全部持ち上げろ。ゆるいテイクダウンじゃなくて、全部持ち上げて全部落とせ』と言われました。だからタックルの練習ばかりしていましたね。練習でも試合でも全部持ち上げて、全部頭から落としたんです」

何でもできるトータルファイターが主体となっていたMMAにおいては、かなり特殊な指導である。鈴木の真意を佐藤はこう解釈している。

「プロレスラーは打撃ができて、飛び技や関節技ができて、大体ドラゴン・スープレックスで試合を決めるというイメージですよね。でも、そんなんで面白かったやつは一人もいない。結局、我々は見世物なんです。得意な型になれば抜群に強いけれど、ウィークポイントを責められると負けてしまう。そういう面白い部分をお客さんは期待しているんじゃないかと。強いことは何よりも大事。だけど、面白さがなければお客さんはチケットを買ってくれない。お金を生み出さなければ、プロレスラーとしても格闘家としてもリングに立つことはできない。そういうことが考えられるように、鈴木さんに自然と誘導されましたね」

たしかに、見る側にとって「面白いかどうか」は勝敗以上に大きな印象を残す。プロとして生き残る術を、佐藤は鈴木から学んだのだ。

パンクラスから一番最初に給料を切られた男

元々パンクラスはUWFというプロレス団体から派生した組織だった。パンクラスに所属するレスラーは基本的にアルバイトをすることはなく、試合に集中し、団体が運営する道場で練習し汗を流した。選手はそれぞれ年俸があって、それを12で割った金額が毎月の給料として支払われていた。

だが、経営難により給料を払って選手を抱えるというスタイルが維持できなくなる。パンクラスは次第にイベント運営をメインとする格闘技団体にシフトしていった。その悪い流れを真っ先に受けたのが、当時23歳だった佐藤だった。

「今だから言えますけど、パンクラスで一番最初に給料を切られたのは自分なんです。鈴木さんに呼ばれて『言いにくいけど、パンクラスはもう給料が払えない。お前が頑張っているのは俺も見ているけど、成績も伸びないし、佐藤を見たいからとチケット売上が伸びるわけじゃない。それでは給料が払えない。その代わりというわけじゃないけど、パンクラスのアマチュアクラスのインストラクターをやらないか？』と言われたんです。インストラクターを始めたら、他の選手の僕を見る目が変わりましたね。『あいつ、バイトなんかしているのか？』って。でも責任は自分にあるから仕方がないですよね」

皮肉なことに選手とインストラクターを兼務するようになってから、佐藤は頭角を現すようになる。ＷＫネットワーク主催「デモリッション」ミドル級トーナメントで優勝し、パンクラスでもよく試合を組まれ注目を浴びるようになる。メイド服を入場コスチュームにしたり、ミドル級（83キロ級）を主戦場にしながら無差別級にも進出するなど、まるで自身が憧れた美濃輪育久のようなリアルプロレスを、佐藤なりのアレンジを加えて披露し続けた。この頃から彼は「アキバ系パンクラシスト」や「全身変態プロレスラー」と呼ばれるようになる。

お客さんを喜ばせる自己表現ができた執筆活動

佐藤はパンクラス時代からネット上でコラムを連載したり、ファンクラブ用の原稿を書くなど執筆活動をしている。情報や思いを発信するときには大切にしていることがあるという。

「僕は泣かせる文章や堅い本は読まないんです。映画もそうです。でもコメディーだと間口が広い。真剣にやっているけど突っ込みどころがあるものが好きなんです。自分が一番訴えたいことをいきなり真面目に書くのではなく、一笑いをとってから真面目なことを書く。それを自然にやってました。これはプロレスに生きましたね。パンクラス時代と一緒で、面白いというのはどういうことか、どうしたら読者が喜んでくれるのかをよく考えました。プロレスでそれができるようになるのは後の話ですね。先に文章の方ができてましたね（笑）」

ちなみにかつて連載していた「佐藤光留の君の瞳に変してる」（モバイルＳＰＡ）というコラムは、プロレス界のエース・棚橋弘至（新日本プロレス）が愛読していたという。２００６年の東スポプロレス大賞・授賞式の会場で棚橋のほうから挨拶に来たらしい。鈴木は棚橋から佐藤のコラムを楽しみにしていると聞いて、「あんなものを金を出して読んでいるとはバカじゃないか」と大笑い。プロレス界のエースと変態レスラーに思わぬ接点が生まれていたのである。

パンクラスＭＩＳＳＩＯＮ移籍、プロレス進出、ＤＤＴレギュラー参戦

２００８年3月10日、佐藤は当時所属していたパンクラスｉｓｍから、鈴木みのるが所属するパンクラスＭＩＳＳＩＯＮに移籍する。その直後にこんなエピソードがあった。

「契約のときに、鈴木さんに『プロレスをやりたい』って話したんです。そしたら、後日呼び出されて『ＤＤＴ、大日本、ＫＡＩＥＮＴＡＩＤＯＪＯ（２ＡＷ）だったら話はもっていける。どこに電話する？』と言ってくれて。ちょうどその時ですよ、鈴木さんにＤＤＴの高木三四郎さんから電話がかかってきたんです。『今度、ハードヒットというＵＷＦっぽいブ

ランドを立ち上げるんですが、鈴木さんのところにメイド服を着た選手いましたよね。その選手、プロレスやらないですか?』って。これには鈴木さんと2人でサブイボが立ちましたよ。こんな偶然あるんだなって。『じゃあ佐藤に三四郎の電話番号を教えるから後でやりとりしてよ』って電話が終わって、それでハードヒットに出ることになったんです」

こうして佐藤は同年5月24日のハードヒット・新木場大会の石川修司戦でプロレスデビューを果たす。その後はDDTにレギュラー参戦し、中澤マイケルと「変態團《へんたいだん》」というチームを結成。だが度重なる変態行為で没収試合を連発。高木三四郎宛てに「変態團を解散させない限り、DDTを見に行かない」という苦情のメールが3通届き、同年12月に強制解散に追い込まれることになった（「変態團」はその後もしれっと何度か復活している）。

続いて男色ディーノ、マサ高梨（高梨将弘）、石井慧介《けいすけ》と「ベルトハンター×ハンター」を結成し、レスラー人生初のタイトルとなるUWA世界6人タッグ王座を獲得。また中澤マイケル、松永智充と「シットハートファウンデーション」を結成するなど経験を積んだ。

「ハードヒット、DDT、大阪プロレスに出て、愚連隊興行では田中稔さんとシングルマッチをやらせていただいたり……。よく『格闘技とプロレスは全然違う』って言われますけど、プロレスも人それぞれ全然違うんです。結果的にいままでもプロレス界で生きていられるのは、誰とやっても自分を崩さなかったからじゃないかと思います。ひとつひとつ合わせていったらきりがない」

「くじけそうになったら俺のプロレスを見てくれ！」

佐藤が大きく飛躍するきっかけとなったのが、2010年に行われたプロレス界初の人気投票企画・DDT総選挙だった。投票期間中に「変態團」興行を開催したり、ユーストリーム放送に力を入れるなど、独自の選挙活動を展開し、男色ディーノと14票差で惜しくも2位となる。

佐藤は同年10月24日・後楽園ホール大会で、DDTにおける最大のターゲットの飯伏幸太とのシングルマッチに見事勝利を収める。そして、メインで総選挙1位の男色ディーノの挑戦を退けたKO-D無差別級王者・HARASHIMAの前に立ちはだかった。

「HARASHIMA！　人気1位に勝って、実力も1位でお前の欲は満たされたか？　俺にはまだ、夢もある。これから起こる夢は現実だ。そしてHARASHIMA、お前にも夢を見せてやる。俺がお前からベルトを奪う。その悪夢を見てもらう」

こうして佐藤は11月14日・大阪大会でHARASHIMAが保持するKO-D無差別級王座に挑戦することになった。佐藤のセコンドにはベルトハンター×ハンターとシットハートファウンデーションのメンバーがついた。試合は互いのスキルと生き様が真っ向からぶつかる名勝負となった。くじけそうになる佐藤を支えたのはセコンドの仲間たちとファンの声援だった。その声に応えた佐藤はHARASHIMAの奥の手、スワンダイブ式蒼魔刀《そうまとう》をカウンターの足取り腕十字で迎え撃ち、王座を奪取する。

　試合後、佐藤はセコンドたちと抱き合い男泣きにくれた。仲間たちも目を真っ赤にしていた。そして佐藤はリング上からマイクでこう語りかけた。

「みんな、夢はあるか？　新しいＤＤＴは俺たちの夢だけじゃ、もう作れない！　みんなの夢が必要なんだよ！　みんな、人に馬鹿にされるときもあるだろう。自分にしか分からないときもあるだろう。でもいいじゃないか！　もしくじけそうになったら、この会場で、ＤＤＴで、俺のプロレスを見てくれ！」

　パンクラスに代わり、自身のホームリングとなったＤＤＴではさまざまな経験をした。ＫＯ－Ｄ無差別級王座は一度も防衛することはできなかったが、翌２０１１年の第二回ＤＤＴ総選挙で１位を獲得。師匠・鈴木みのるとの一騎打ちも実現した。また、ハードヒットのプロデュース権をＤＤＴから譲り受け、一国一城の主となった。

　こうしてプロレスラーとして着実にステップアップを遂げていた佐藤だが、私の目にはどこかフラストレーションを溜めて日々を過ごしている印象を受けた。シングルトーナメントやタイトルマッチでなかなか結果を出せず、メイン戦線ではなく中盤戦にマッチメイクされることが増えてきた。満たされない、報われないという思いを抱えていたのか、いつしか変態レスラーと呼ばれた男の試合は殺気を帯びるようになっていた。

ホームリング・ＤＤＴからの旅立ち…今のＤＤＴに何を思う

２０１４年1月、佐藤はレギュラー契約を満了し、ＤＤＴを離れることになった。

「ＤＤＴには現在の佐藤光留というレスラーの基礎を作り上げてもらったと思っています。変態レスラーと呼ばれる佐藤光留がプロレス界で生き残っているのは、ＤＤＴが夢を叶えることの尊さがあれば外見やイデオロギーは関係ない、という考えに気付かせてくれたからです。そんな自分が、今のＤＤＴに対してしなければいけないこと。それは旅に出て大きくなって帰ってくることではないかと思い始めました。高木さんが僕を拾ってくれなければ、佐藤光留は存在しませんでした。立っているだけで嫉妬させられる飯伏さんが僕を強くしてくれました。ＨＡＲＡＳＨＩＭＡさんという盟友と出会えたのは僕のプロレスラーとしての財産です」

ＤＤＴでの5年間について佐藤はこのように振り返っている。

「MMAができる過程をパンクラスで見られたのと一緒で、DDTが両国国技館にいくまでの過程の中にいられたことは大きかった。毎週新木場1stRINGでやっていたのが両国進出となって、みんなは『本当にやるの？』と不安だった。でも高木さんだけはとんでもない熱量で『やるぞ！』と。そこから、みんなの一つ一つの積み重ねで人の夢が形になっていく過程が見れた。パンクラスMISSIONだけど、その一員になれた自分がいた。なのに、どうしても勝てない相手がいたり、うまくいかなかったり、すねきっている自分もいた」

佐藤はDDTを離れたが、度々ゲストとして参戦するなど、完全に縁が切れたわけではない。DDTは近年大きく変わった。一介のインディー団体から、東証一部上場企業のグループ会社となった。そんな今のDDTを佐藤はどう見ているのか？

「今のDDTはとにかく若いですよね。遠藤哲哉とかジムで見かけるけど、自信に溢れていますから。あの頃の遠藤はどこに行ったんだろうって。とにかく企画も勢いもDDTは若い。男色さんとか出ていても、若く見える。年齢とかじゃなくて若いエネルギーがあってすげぇなって。高木さんもそうですね」

新たなホームリング・全日本プロレス

ＤＤＴを離れた佐藤は、２０１０年から参戦していた全日本プロレスを新たなホームリングにした。武藤敬司体制の全日本では大和ヒロシと「情熱変態バカ」を結成し、アジアタッグ王座を獲得した。

「ＤＤＴは月4～5回試合があって、全日本はシリーズがある。周りからは『鈴木さんの関係があるから新日本にいくだろう』と思われていましたが、もちろんそんなこともなく（笑）。当たり前のようにＤＤＴと全日本で試合をしてました」

だが２０１３年、全日本は体制が変わり、新オーナーとなった白石伸生氏が波紋を呼ぶ問題発言を繰り返すなど、団体は混乱。元々友好関係にあった新日本との関係も悪化する。そんな中、同年3月17日の両国国技館にて、リング上で挨拶を終えた白石氏が襲われる。襲撃したのは佐藤だった。「プロレスをナメた人間がいるなら、所属じゃないけど行くしかなかった」という怒りから起こした行動だった。

その後、白石氏と衝突した武藤が所属選手の半分を連れて全日本を離脱し、新団体ＷＲＥＳＴＬＥ-１を旗揚げする。パートナーの大和は武藤に追随していった。残された佐藤の前に現れたのは、全日本の木原文人リングアナと当時あまり会話をしたことがなかった団体のエース・諏訪魔《すわま》だった。

「全日本が分裂した時の6月の両国大会で、諏訪魔さんと木原さんから『もしよかったら全日本にいてもらえないですか』と声をかけてもらったんです。自分を必要としてくれているのが本当に嬉しくて……」

そこから全日本に継続参戦する。佐藤はプロレスラーとしての変化を実感した。

「全日本で調子に乗って頑張っていたら、和田京平レフェリーが来てくれて。京平さんは僕の麻雀仲間で、一緒にシリーズを回って飯を食いにいくとたまに『あの人はこうだった』『昔のプロレスはこうだった』と話をしてくれたんです。その話を聞いていたら、プロレスの質がちょっと変化してきて。DDTに上がったりすると『佐藤選手、ちょっと変わったよね』って言われるようになった。これが全日本効果やと（笑）。分裂後の全日本は1興行に5試合しかなくて、しかもシングルマッチが2試合あるんです。1試合が大体10分くらいで終わるんですが、『この選手はここが凄いのか』って、間近でじっくり見れたのは勉強になりましたね。さすがに全日本でやるとパクリと言われるので、他団体でこっそりやって……。そこからまた調子に乗って、今のスタイルができました。車で言えば、軽自動車からランドクルーザーになったんです。（車に例えると）走れるスピードは60キロだけど、排気量に余裕があるから、風景を眺めつつ安全運転で行くことができる。言うなれば自分の運転方法を確立することができたんです」

全日本はその後、秋山準体制に移行する。だが経営に苦戦。離脱者が相次いだが、佐藤はそれでも全日本を離れなかった。理由は簡潔である。自分を必要としてくれるからだ。

「全日本から『使うよ』と言われているけど、次のシリーズに出なくていいって言われないかとドキドキしながら毎日生きています。すごいストレス。だけどそれがプロレスにハリをもたらしている部分もある。だからフリーのままなんです。『佐藤はフリーだから勝負に徹して自分を貫ける』と思ってもらっている節があります。思い違いかもしれないけど（笑）」

変態が語る全日本プロレス論

佐藤は全日本で世界ジュニアヘビー級王座を獲得。また青木篤志と「変態自衛隊」を結成し、アジアタッグ王座も獲得、ジュニアタッグリーグ戦三連覇と実績を上げてきた。また、諏訪魔が率いる武闘派ユニット「Ｅｖｏｌｕｔｉｏｎ」のメンバーとなった。ＵＷＦ系のパンクラス出身の彼がみた王道プロレス・全日本とは？

「全日本はあらゆる意味で伝統を守っている。お客さんの対応やプロレスの攻防、レスリングの作法も含めて。いま色々な団体が生き残るためにスタイルを変えていますよね。でも、全日本は変えずにずっと守っているんです。簡単に伝統を守るって言いますけど、伝統を守るのも労力やエネルギーはいりますから。それをみんなでやり続けている。これは貴重な団体だなと思いますよ。そこにいられるのが嬉しいんです」

全日本は今の日本プロレス界では珍しくなった、肉体に恵まれたヘビー級戦士が集結するモンスターの巣窟。そんな世界観を築いている全日本で己の存在感を示すために佐藤は全日本ジュニアの地位向上を目指している。

「全日本らしさって何かって言うと、やっぱりヘビー級のぶつかり合いだっていう意見が多い。でも全員がでかいわけじゃない。プロレスは競技。エンターテイメントでもあり、ショービジネスでもある。そのレベルまで全日本ジュニアを持っていきたいというのが、俺の原動力なんです。全日本ジュニアでお客さんをいっぱいにしたい、という譲れない気持ちがあるんです。他団体で活躍すればいいっていうのは逃げている気がする。全日本ジュニアは分裂後も、俺と青木さんでなんとか守ってやってきた。だから、他の団体からどんなにいい条件をいただいても裏切れないですし、全日本ジュニアを捨てられない」

なぜ格闘家がプロレスをした場合、ぎこちなくなるのか？

私はここでどうしても佐藤に聞いてみたいことがあった。

格闘家がプロレスした場合、どこかぎこちない試合展開になったりするケースがある。格闘家からプロレスに転向して成功している選手と失敗している選手の違い、格闘家がプロレスをした場合に生じるぎこちない試合展開が起こってしまう理由は何なのか？

「思い上がりです。格闘家は自分の蹴りで相手を倒す練習をずっとしてきた。プロレスラーは相手の技を受けないと、明日仕事がない。それで『俺は格闘家だ』『格闘家の蹴りがナンボのもんじゃい』という意地の張り合いになってしまう。でも、『俺は格闘家だ』『俺はプロレスラーだ』っていうのは、個人的な意地じゃないですか（笑）。一番大事なのは、見ている人が面白いか、面白くないか。自分のプライドのためにやるんだったら、家でやってろって。格闘家がプロレスできないってみんな言うけど、そんなことはなくて。プロレスラーも相手が格闘家だからって思い上がっているんです。自分をプロレスラーらしくみせようとするプライドが試合をつまらなくする原因だと思う。お客さんのためにやっているという考え方にシフトできた人は面白い試合ができると思います」

ちなみに佐藤はパンクラス時代からバックドロップやスパイン・バスターを使っていたこともあり、プロレス向きだと言われていた。だが、そこに関しても異論があるという。

「プロレスに行った時に『佐藤は昔からプロレス向きだと思っていた』という人がいたけど、そんなことはないです。才能はあっても、そんなやつは山ほどいますから。上に行って、その上で努力をしたからです。あと運ですね」

佐藤は現在、ＵＷＦスタイルの現在進行形「ハードヒット」を主宰し、「Ｕの末裔」と名乗っている。Ｕへの思いはとにかく執念深いほど熱い。

「俺は回りが必要ねぇっていうものに執着する性癖があるんですよ。『プロレスと格闘技は別物』『プロレスって楽しいもの』ってよく言いますよね。俺はそれが腹が立つんです。プロレス・格闘技とか色々な言葉があるけど、リング上で起こったことはすべてプロレスだし、格闘技はプロレスのひとつのジャンルだと思っている。『プロレスってインチキでしょ』っていう風潮も俺は大嫌いです。なんでプロレスだけをインチキと言い切るのか。そういう反骨心があるんです。新木場1ｓｔＲＩＮＧで300人集めてハードヒットをやっても世間は何も変わらない。ＵＷＦは強さを追い求めた団体。従来のプロレスではなく格闘技寄りにいった団体。その価値観がもういらなくなった。『プロレスと格闘技は別物』と周りが言うなら、俺はＵＷＦを捨てない。いまやっているハードヒットのスタイルには『お前ら、Ｕをなめるなよ』という意味が込められている。だから俺は『Ｕの末裔』を名乗っているんです」

盟友・青木篤志

佐藤光留のレスラー人生を振り返る時、決して忘れてはいけないのが長年、タッグを組んだり、ライバルとして切磋琢磨してきた「変態自衛隊」のパートナーである盟友・青木篤志である。

本書の取材は青木が2019年6月3日、交通事故で亡くなった1ヶ月後の7月に行われた。まだ49日の法要も追悼興行も開催される以前である。佐藤にとっては心の整理ができず、悲しみを抱えている最中。それでも佐藤は青木について静かに語ってくれた。

「はじめて出会ったのはハードヒットですね。木高イサミさんとシングルマッチで闘って、『ノアの選手がいるぞ。青木篤志だ』と思って挨拶に行きました。面白いなと思ったのが、青木さんってメジャー団体・ノアの選手なのに『TKG48（高木三四郎が一時期結成していたユニット）』に普通にいたり、マッスルに出ていたり、和田京平さんとタッグを組んだりとかいろんなところに顔を出していて（笑）」

そんな青木とリング上で接点が生まれたのは2013年。青木が秋山準、潮崎豪らとプロレスリング・ノアを離脱し、全日本に参戦。佐藤は大和ヒロシとのコンビで、青木は鈴木鼓太郎とのコンビで全日本のジュニアタッグリーグ戦で激突した。

「総当たりのリーグ戦では勝ったんですが、決勝で負けて。鈴木鼓太郎と青木篤志のメジャープロレス……『こんなプロレスがあるのか』と驚かされました。たとえるなら鼓太郎さんはシャーペン、青木さんは筆、書道ですよ（笑）」

その後、青木とは世界ジュニアヘビー級王座を懸けて何度も何度も一騎打ちをしてきた。対角線にいる青木篤志とは？

「プロレスも格闘技もそうですが、リング中央に集められて握手をするとき、相手の大きさってすごく気になるんです。188センチ、100キロの選手が相手でも実際に見るとそこまでデかくないなということもあります。でも青木さんは同体格でもこいつでかいな、腰が強いなというタイプで。正面に立つとデカいなと。闘ってみると意外と技やテクニックが直線的で、力で取りに来るんです。テクニックも青木さんの場合は相手をだますものではなくて、自分から積極的に技をかけていくテクニック。自分がこうしたいからどんどん仕掛けていって、最終的に力で持っていく。剛のテクニシャンでしたね。それを柔のテクニックも織り交ぜながらやるんです。あとすごい意地っ張りですね」

佐藤にとって、青木は生涯のベストパートナーといっていい存在である。苦しい時も楽しい時もいつも横には青木がいた。

「プロレスの価値観も違って、青木さんは意味のない試合に疑問を持つ人なんです。俺は仕事もらったらラッキーとか思ってしまうけど（笑）。でも、だからといってお互いに『だからあいつはダメ』ということにはならなかった。互いを尊重していましたね。だから助かっていた。青木さんといると自分を殺さなくてよかった。青木篤志は青木篤志のまま、佐藤光留は佐藤光留のまま。気づけば親兄弟より長くいましたからね。年間100回は一緒に飯を食って、話して、試合をして。良いときも悪いときも2人で過ごしてきましたから。アジアタッグを獲って、渕正信&大仁田厚にやられ、TAKAみちのく&ブラックタイガーにやられ、ジュニアタッグリーグ戦も三連覇したら、『つまんねぇ』と言われて……。本当に濃いですよね。だから青木さんがいなくなったのが本当に寂しい。寂しいという言葉では足りないですね……」

レスラー人生においてなくてはならない存在だった青木の急死。

実は佐藤は青木と、当時青木が保持していた世界ジュニアヘビー級王座を懸けて6月18日・後楽園ホール大会で対戦する予定だった。だがそれは幻となった。試合後、佐藤は泣きながらマイクでこう叫んだ。

「僕のプロレスの半分だった、青木さんが、突然いなくなってから、本当に忙しい日々でした。自分の興行もあったりすぐ全日本のシリーズが始まったり、楽しみにしてる人も沢山いたんで、僕が凹んでるわけにいかないと思って。でも、青木さんが！　いるはずだった、リングに立ったら、青木さんほんとに寂しいよ！　青木さん！　青木さん！　青木さん！　ベルトを持ったまま、遠くに行っちゃった青木さん、防衛期限の11月の終わりまで、そのベルト、絶対に誰にも渡さないでください。僕たち全日本ジュニアが死ぬまでそのベルトを譲り受けてから輝き続けますので（中略）全日本ジュニアは明るく楽しく激しく進化していきます！」

青木が保持していた世界ジュニアヘビー級王座は王座防衛期限である11月20日までの半年間まで青木を王者と認定。同年11月21日から王座決定トーナメントを開催することになった。このトーナメントに「物理的に一生に一回しか達成できない青木篤志から自分へのベルトリレーを完成させる」という並々ならぬ意気込みで挑んだのが佐藤だった。

1回戦でブラックめんそーれ、準決勝でDRAGONGATEのKagetoraを破り決勝進出を果たした佐藤。自らが課した天国にいる盟友とのベルトリレー完成を目の前にして、DRAGONGATEの横須賀ススムとの接戦を落としてしまう。

予想外の事態に、試合後天を仰ぎ「隊長……」と嗚咽する佐藤。だがレフェリーからベルトを奪うとススムの腰に巻き、ススムの王座戴冠を讃えたのだった。人生は思うようにはいかないものである。

佐藤は全日本ジュニアの地位向上を目指し、新たな闘いに向けて動いている。佐藤の熱き思いは天国の青木にもきっと届いている。そしていつまでも青木は佐藤の雄姿を見守っていることだろう……。

独自のインディー・メジャー理論と死ぬまでプロレス宣言

佐藤はインディーに対して持論がある。かつて「インディー・メジャー理論が僕の中にあって、どっちがいい・悪いじゃなくて、両方に出ているから分かるインディーとメジャーの違いがある」と語ったことがある。その部分について詳しく聞くと……。

「どんなにインディーが大きくなっても、メジャーにはなれない。大きなインディーになるだけです。歴史を紐解くと、インディーという言葉は相手を蔑む意味があった。実際、NOSAWA論外さんとかは、長州力さんに『お前はプロレスラーじゃない』と言われていますよね。そういう世代の方たちの反骨心やエネルギーがあったから、今のインディーがある。それがなくなったら、インディーじゃないし、インディーらしさもない。メジャーはメジャーで『メジャーなんだろ』って発破をかけられているんです。その関係性だけでいいんじゃないですか」

佐藤光留はパンクラス時代も含めるとレスラー生活20年を迎える。師匠・鈴木の教えを自分なりに解釈して「とにかくお客さんに喜んでもらえるレスラーになること」を念頭にプロレスとMMAを渡り歩いてきた。

その中で彼が大事にしてきたこと。それは「どこか必要とされていないものへのシンパシー」と「必要とされることの尊さ」ではなかったのだろうか。

主観性と客観性、優越感と劣等感、プロレスと格闘技、強さと弱さといったあらゆる二面性を織り交ぜながら、佐藤光留という確固たるアイデンティティーが形成されていったのである。

佐藤のレスラー人生を振り返ると、彼は何かの目的や標的を見つけると異常なまでの執着心を燃やしてきた。その姿はまるで野生動物を捕獲しようとする狩人。そんな彼の目標は実に明快だった。

「上がりたい団体はどこでも上がりたい。みんなと対戦したい。どこの団体に上がっても基本的に変わらないです。俺が変わらなかったらどこにいっても変わらない。目標は死ぬまでプロレスがしたいんです。もちろん死ぬまでプロレスをやるってことは、死ぬまでベルトを目指すということです。死ぬまで自分の主義『ハードヒット・プロレス観』を一生続ける。死ぬまで主役であり続ける。今のまま死ぬまでプロレスやりたいです。これは壮大な目標です。10年経ったら、変わるかもしれない。でもそのときはそのときです」

私と同じ1980年生まれの雄・佐藤光留。彼はプロレスラーとして、人間として、「必要とされる尊さ」を噛みしめて、「栄光」という夜明けを目指して走り続けている。

◎佐藤光留（さとう・ひかる）

［身長体重］174cm、90.310kg

［生年月日］1980 年 7 月 8 日岡山県岡山市出身

［デビュー］2000 年 2 月 27 日デビュー

［所属］フリー

［タイトル歴］世界ジュニアヘビー級王座、アジアタッグ王座、KO-D 無差別級王座

［得意技］捕獲式腕十字固め

総合格闘技団体パンクラス出身で現在は UWF 系イベント「ハードヒット」を主宰する自称「U の末裔」。現在は全日本プロレスにレギュラー参戦し、ジュニアヘビー級底上げのために尽力する変態王。

【第五章】

新井健一郎（DRAGONGATE）

深化を求めるズルいヒールは今が全盛期 本籍ドラゲー、現住所ローカルインディーの仕事人レスラー

写真提供：東京スポーツ

旅芸人

「インディーは未開のジャングル。
この森に足を踏み入れると
何が出てくるのかという宝探し。
どインディーになればなるほど
ワクワクが止まらない」

――新井健一郎

「俺は試合が名刺代わり」……ローカルインディーの仕事人レスラー

今日はFREEDOMS、明日はHEAT-UP、明後日は誰かの自主興行……。さまざまなローカルインディー団体を転戦するアラケンこと新井健一郎はここ10年、その日暮らしのヒールレスラーとして日陰を彷徨いプロレスをしてきた。

「俺は基本的に自分から売り込みはしない。試合を見て、新井健一郎が使えそうならオファーしてくれという感じで仕事を増やしてきたのよ。末端のローカルインディーでもメインを務めた。どんなレベルでもちゃんとプロレスを見せてきたつもりだよ」

そんなアラケンは自信を持ってこう言い切る。

「俺は試合が名刺代わり」

彼が所属するのは、ファッショナブルなプロレス団体・DRAGONGATE（ドラゴンゲート／以降ドラゲー）。なぜにドラゲーに所属しながら、インディー団体巡りをする日々を過ごすようになったのか。

プロレス界の路地裏で生き抜く仕事人レスラーの素顔に迫ってみよう。

長州力に憧れ、山田恵一を見てプロレスラーになることを志す

新井健一郎は1972年7月7日東京都練馬区で生まれた。実家は和菓子屋を営み、彼は長男だった。母がプロレスファンで、母の腕に抱かれて幼少期からテレビのプロレス中継に親しんできた。彼にとってプロレスはテレビで当たり前に見れるコンテンツ。プロレスがある生活は彼にとって普通だった。

「子供の頃は全日本プロレスのテリー・ファンク引退試合とか天龍源一郎さんが燻っていた頃とかちゃんと見ていたよ。あと国際プロレスも。国際プロレスは全日本プロレスや新日本プロレスに比べると圧倒的に予算がない。後楽園ホールのときは照明があって明るいけど、地方は薄明りでやっているような感じで。また、出てくる選手に華がないんだよな（笑）。外国人レスラーはアレックス・スミルノフやジョー・ルダックとか普通じゃない選手ばかりだし。見てはいけないものを見ている気がしたのが、ものすごく印象に残っているよ」

少年時代のアラケンが憧れたプロレスラーは長州力だった。

「プロレスを見て初めて興奮したのが1982年10月の長州（力）さんが藤波（辰巳）さんに喧嘩を売った〝噛ませ犬事件〟。生中継であれを見てからずっと長州さんファンになった。俺は噛みつくレスラーが好きなんだ。自分で言うのもなんだけど、日本で初めて長州さんの

声マネしたのは俺だよ（笑）。1985年にテレビ東京でジャパン・プロレスの特別番組があったんだよ。当時長州さんは独身で、若手と池尻のマンションで暮らしていた。そこにカメラが入ったんだけど、まかないのテールスープを食べるところでさ。長州さんが一口食べて『おいちぃ』って。その言い方が面白くて、すぐに学校でモノマネしたんだよ（笑）」

中学に入ると、アラケンはバレーボール部に入る。とくに関心があったわけではない。入学した2日目、教室の廊下で友だちとロード・ウォリアーズごっこをして遊んでいたら、隣のクラスの担任に見つかり、大目玉を食らった。その教師は学校随一の〝怖い先生〟で、バレーボール部の顧問だった。説教後、「お前、バレーボール部に入れ」と誘われ、あまりの怖さに「よろしくお願いします」と即答してしまったのだ。

バレーボールは高校まで続けた。ポジションはエースになれないアタッカーだったが、生来の運動神経の良さからか、いざバレーボールをやってみると意外とハマったという。

そんな彼がプロレスラーを志すようになったきっかけ……それは意外なレスラーだった。

「中学2年だったかな。マスクマンに変身する前の山田恵一さんの試合を見てよ。体は小さいのに肉体に厚みがあって、この人スゲーかっこいいなと思って。それで『俺、プロレスラーになってみたいな』と思ったんだよ。そこからだな、プロレスラーになるために毎晩寝る前に腕立て伏せしたり、スクワットをするようになったのは」

だが、当時の全日本や新日本は怪物の巣窟であり、体格的に恵まれていなかったアラケンが入団するのは至難の業。プロレスラーになるという話は夢物語に見えた。そんなとき、一筋の光明が差す。1989年のFMWの旗揚げである。

「高校2年のときに大仁田（厚）さんがパイオニア戦志とかに出ていて、その後、FMWを旗揚げしたんだよ。正直、全日本時代の大仁田さんは、どこか燻ぶっていた印象があった。でも、FMWではまるで違っていた。高校3年の夏に汐留でやった電流爆破デスマッチをレンタルビデオ屋で借りて見たんだけど、あの大仁田さんがあそこまで輝けるのかって。それからFMWに興味を持つようになったんだけど、若手の選手を見ると結構小柄な人が多かった。それで『俺、FMWに入ろう』って思ったんだよ」

FMW練習生になるもデビュー前に退団、プロレス浪人生活に突入

高校卒業直前の1991年2月、アラケンはFMWの入門テストを受けた。その入門テストには後に団体を背負うトップレスラーとなるハヤブサ（江崎英治）とミスター雁之助（本田雅史）も参加していた。

「男が40人、女が10人くらい受けにきてたかな。2人（ハヤブサと雁之助）はいま思うと目

立ってたよね。やけにふてぶてしいし、体もデカかったし。でも、テストは全然できてなかったんだよ。入門テストの中にスクワット500回って課題があったんだけど、クリアしたのは俺ともう1人だけ。2人は200回もやらないうちに潰れていた。後年、ハヤブサさんと飲む機会があって、入門テストのことが話題に出たんだけど『あんな素人のスクワット、できるわけない』って。たしかにスクワットのとき誰も号令をかけないんだよ。俺ともう一人は意地でやり遂げたけど、もう息があがっちゃって、次の課題の腕立て伏せは全然ダメだった。だから腕立て伏せは誰もクリアしていないのよ」

スクワットをクリアしたアラケンだったが、結果は補欠合格。シリーズオフにFMWの道場で開校するプロレス学校に仮の練習生という立場で入学し、2月から7月までの5ヶ月間、レスラーと一緒にトレーニングしてプロレスを学んだ。

7月、アラケンと中川浩二（GOEMON）は正式なFMW練習生に昇格した。しかし、アラケンはそのわずか2ヶ月後に挫折して退団する。その後、W★INGの入門テストを受けたが合格できず、プロレス浪人になってしまった。

プロレスラーになる夢が遠くなっていく。地元の仲間には「俺はプロレスラーになる」と意地を張っていた。ちょうどその頃、高校の同級生に騙されて、消費者金融で30万円の借金を作ってしまった。借金は肉体労働のバイトを死に物狂いでやってなんとか返済した。肉体労働は思っていたよりもお金になった。そこでアラケンはある野望を抱くようになる。

「このまま肉体労働を続けて、お金を貯めて、メキシコに行ってプロレスラーになろう」

ウルティモ・ドラゴンが率いるプロレス学校・闘龍門に入学しデビュー

アラケンは肉体労働でお金を貯め、仕事終わりにひたすらランニングをした。メキシコに行くといっても当てなどなかった。行けばなんとかなるだろう、くらいの感覚だった。

だが、ここで運命の歯車が大きく動き出す。ウルティモ・ドラゴンがメキシコに闘龍門というプロレス学校を作ったのだ。その話を耳にしたアラケンは「これしかない！」とメキシコ行きを決断し、二期生として闘龍門に入学する。

「もしあのまま闘龍門ができていなかったら、どうなっていたかはわからないね。単身でメキシコに渡ってもレスラーにはなれなかったろうし、かといって和菓子屋を継ぐ根性もなかった。たぶんまともな人生を送れていなかったんじゃないか」

闘龍門でプロレスを教えていたのは、校長のウルティモ・ドラゴンではなく、一期生のマグナムＴＯＫＹＯだった。練習自体はそれほどきつくはなかった。メキシコは日本よりもはるかに治安が悪い。厳しい練習を課して夜逃げでもされたら大変なことになる、という配慮があったのかもしれない。

メキシコでの生活はアラケンには合っていたようだ。

「メキシコで印象深い話といえば、地下鉄の売り子だな。俺がいたころのメキシコの地下鉄はチケット1枚あれば乗り放題で、だいたい5～10枚つづりのチケットを買っていた。1枚あたりにすると10円くらいなものだから、貧しい人もよく利用しているんだよ。で、そのチケットを使って子どもが売り子をさせられているんだよ。車内でガムやお菓子なんかを売るのは理解できる。でもいまだに『こいつアホか⁉』と思うのが、15歳くらいの少年なんだけど、車内で色々なサイズの分度器を売っているんだよ。そんなもの、地下鉄で誰が買うんだよ（笑）。まあ、食うために必死でやっているんだろうけど、そういうメキシコ人のデタラメさ加減が俺は大好きなんだよ」

1998年11月29日、アラケンはメキシコでついにデビューを迎える。この時、26歳。遅咲きだが、ようやくプロレスラーになることができたのである。

デビュー早々、トラック野郎キャラで頭角を現す

闘龍門では校長のウルティモ・ドラゴンから直接指導を受けることは少なかったが、忘れ

られないアドバイスがある。

「闘龍門では、試合の前に円陣を組んでミーティングをしていたんだよ。で、最後に校長が『一生懸命やってください』って一言だけいうのよ。技術的なことについてはとやかく言わず、とにかく若い人は打撃をバシバシいれてくださいと。そこはメキシコ式ではなく、日本式だったね。一期生は突出してキャラがあったけど、二期生にはそこまでキャラがなかった。だから喧嘩と思ってバシバシやってくれと。本当にそれだけだよ」

そんなアラケンが闘龍門時代のベストバウトとして挙げたのが、デビュー2週間後に組まれた、第二回ヤングドラゴン杯一回戦での望月享《すすむ》（横須賀ススム）戦である。

「横須賀ススムと日本式のバッカンバッカン蹴って殴ってという試合をやったら、試合後に控室に戻ると校長が親指を立てて『グッドマッチ』と褒めてくれたんだよ。それがあったから日本逆上陸の時も同じカードが組まれたんだろうな。いま思うとあれが闘龍門時代のベストバウト。お互いに技を出していない試合だけど、あれはプロレスだった。横須賀は雑なプロレスをしない。ラリアットとか食らったらキツいけど、カチンとくるキツさじゃない。野球でいうところの真芯《ましん》で当てているというか。食らうと妙に気持ちいいのよ」

アラケンはデビュー早々、田吾作タイツに地下足袋、菅原文太似の顔立ちというトラック野郎キャラで頭角を現す。このキャラクターが誕生したきっかけは、デビュー前のエキシビジョンマッチだった。

「デビュー前にメキシコの自主興行のダークマッチで、神田裕之《やすし》と試合したんだよ。この興行には新日本の永田裕志さんが来てて、試合前に『いいか、これは喧嘩だからな』と発破をかけられたんだよ。それで気合が入っちゃって、思いっきり頭突きを入れたら神田の額がバッと割れて、血がボトボト出ちゃったんだよ。エキシビションで流血なんて、前代未聞だろ。その試合はGAORAが中継していたんだけど、スタジオで見ていたのが、ゲストのザ・グレート・サスケさん。『なんかスゲー若手が出てきたな。トラックの運ちゃんが暴れているみたいだよ』って。それで校長が言ったのか、自分で乗っかれと思ったのかは覚えてないけど、デビュー戦をベタな田吾作タイツと地下足袋のトラック野郎スタイルでやったのよ。ちなみに俺は当時、車の免許はなかった。無免許のトラック野郎だよ（笑）」

闘龍門はそもそもレスラーを養成するプロレス学校。入学時の説明では「卒業したら各々で頑張ってください」と言われていた。だからアラケンはまさか日本逆上陸以降、闘龍門JAPANとして団体化し全国巡業をするとは夢にも思っていなかった。

あらゆる角度から頭突きで組み立てるファイトスタイル、ファイヤーバードスプラッシュのような飛び技も駆使できる。アラケンはNWA世界ウェルター級王座を獲得するなど、闘龍門JAPANで躍動する。だが、当人の心境は複雑だった。団体の期待に応えられていないと感じていたからだ。

「同期の堀口元気や神田は俺よりも6歳年下で、高校卒業後にすぐに入学していた。でも、俺は25歳を過ぎて闘龍門に入った。だから校長には『新井は他の皆よりも年齢が上だし、早めにチャンスを与えてあげないとタイミングを逃してしまう』という考えがあったかもしれない。でもそのチャンスに応えられたとは思わないね。とにかく一期生が凄かったからついていくのがやっとだった。自分の手応えでは『このチャンスは絶対に逃してはいけない』ってところを3回くらい逃している。そういう感じだとやっぱり上にはいけないよね」

こう語るが、一期生相手にも存在感で負けず、きちんと活躍していた。武骨な部分ばかりがクローズアップされるが、アラケンは実はかなり器用なレスラーで、新人時代から好勝負を残していたのだ。

校長から巣立ち、闘龍門JAPANからDRAGONGATEへ

2004年7月、闘龍門JAPANが闘龍門から独立することを発表し、団体名をDRAGONGATEに改称。校長ウルティモ・ドラゴンから巣立ち、別々の道を歩むことになった。この時、アラケンは何を感じたのだろうか。

「結局、どうしてそうなったのか、実はいまだに知らないんだよ。知らされたのは、この話が決まってからだった。当時、選手たちをまとめる立場にあったマグナムＴＯＫＹＯに控室に呼ばれて、『メキシコ（闘龍門）とは切れたから』って。その頃にまだメキシコに残っていた後輩たちのことを思うと……この当時のことは俺の中でずっと尾を引いているよね」

ドラゲー以降のアラケンは新Ｍ２Ｋ、ファイナルＭ２Ｋに所属。タイトル挑戦の機会を何度も与えられたが獲得できず、中堅の座に甘んじていた。２００７年に戸澤アキラ率いる「戸澤塾」に入り、岩佐拓と「新岩タッグ」を結成し、オープン・ザ・ツインゲート統一タッグ王座を獲得するなどタッグ戦線で活躍したが、この時期はアラケンにとって一種の黒歴史のようである。

「戸澤塾はユニットとしてはよかったし、チャンピオンにもなった。岩佐のアイデアが面白くて、斬新な合体攻撃をどんどん取り入れた。でも、今振り返ると本当に技を詰め込んだだけのプロレスだった。序盤から凝った連携をブチ込んで、中盤にも終盤にも同じようなヤツを入れて。大味なんだよ。映像で見るとクソつまんない。お客さんには申し訳ないけど、全然プロレスをしてなかった。ただ合体技を披露しているだけのプロレス。自己満足だよ、あれは」

２００８年に戸澤塾が解散すると、翌年１月にアラケンはヒールに転向する。「ダメ人間」、

「その日暮らし」、「世の中ズルイ奴が勝つ」と書かれた黒いつなぎにコスチュームを変え、殴る蹴るを主体とした無気力なファイトスタイルに変えた。

「ヒールに転向したときに神田と話したんだよ。『ヒールだからってかっこいい技をしなきゃいけない決まりはないよな。そういうのはベビーフェイスがやればいい』って言ったら、神田が『自分もそう思う。ヒールは殴る蹴るだけでいいんですよ』って。そこから無気力ファイトっていうのをやって、リング上で寝転がったりして。今まではハデハデで媚びているプロレスやっていたけど、これからは自分がやりたいプロレスをやろうと思ったんだよ」

ドラゲーに所属しながらローカルインディーを転戦

アラケンはヒール転向以降、ドラゲーに所属しながら、ローカルインディー団体を転戦するようになる。そのきっかけは幻の同期ともいえる存在からの連絡だった。

「ドラゴンゲート的にも俺は使いにくかったと思う。年やキャリアは上の方だったし、団体に合うプロレスには背を向けていたし。後輩たちも台頭してきて、これからどうしようかなって思っていたとき、雁之助さんが声をかけてくれたんだよ。『俺はいま、鬼神道Ｒｅｔｕｒｎｓという、初対決同士のシングルマッチを集めた興行をやっている。お前も出てみないか』って。そこからだよ、俺のインディー路線が開けたのは」

鬼神道Ｒｅｔｕｒｎｓは年に３回のペースで開催される、さまざまな団体のレスラーが参戦するフィールドだった。そこに上がるうちにＳＴＹＬＥ‐Ｅから声がかかり、やがて「うちも出てください」とあちこちのインディー団体からオファーが届く。そうやって決まった試合をこなしていくうちに、アラケンはインディーきっての売れっ子レスラーになっていく。

「めぐり合わせもあったよね。インディーの中でもインパクトのある興行に絡めたんで。たとえばＳＴＹＬＥ‐Ｅは最後の10ヶ月しか出ていないのに、団体最後の絶対王者に君臨したり、ガッツワールドでは10周年の後楽園大会のメインに立たせてもらったりもした」

アラケンが「レスラーの経験値が爆上がりした」と語るのが、２０１７年10月10日に行われたＤＳＷ・新宿大会での時間差バトルロイヤルである。この試合は元週刊プロレス編集長のターザン山本のプロレスデビュー戦だったが、アラケンはここでもきっちりとプロレスを成立させてみせた。

「あれは佐野直さんや、サバイバル飛田さんとか、あと、ああいう突拍子もない人がいてできたことなんだよ。俺ひとりだったら、ああうまくはいかなかったと思うよ。あんまり俺ばかりターザン山本を絡んでも仕方がないから、他の選手にも仕向けたんだけど、誰もいかない（笑）。しょうがないからまた俺がいって。実は俺の毒霧って普段は赤なんだよ。でも、この日はたまたま緑のヤツしか持ち合わせがなかった。で緑の毒霧をターザン山本に噴射して、そこから流血させようと攻撃したんだけど、攻めても攻めてもなかなか流血しないんだ。そこで思い切ってターザンを押さえつけて、飛田さんにもヘッドロックしてもらってガンガン額にパンチをブチ込んでみた。そしたら見事に大流血だよ。緑と赤に染まったターザンの姿は絵になったよな（笑）」

インディーの売れっ子が語る今のインディープロレス

あらゆるインディー団体を転戦しているアラケン、もっと評価をされていいレスラーはいるかと聞くと、こんな答えが返ってきた。

「もっと評価されていいっていうと、すぐに思い浮かぶのはＣＨＡＮＧＯ（チャンゴ）とＰＳＹＣＨＯ（サイコ）のタッグチームだな。ＰＳＹＣＨＯはＫＡＩＥＮＴＡＩ　ＤＯＪＯ出身だからベーシックなプロレスがよく分かっている。ＣＨＡＮＧＯもベーシックなプロレスを理解しつつ、いまのプロレスができる。俺とＣＨＡＮＧＯはプロレス観が似ているところがあって、『ヒールはオリジナルの凶器を持ちたがるけど、そうじゃねえよな』なんて、けっこう深い話が出来たりするのよ。あとマスクドミステリーさん。チョークスラムの一撃必殺感がスタン・ハンセンのウエスタン・ラリアットに通ずるところがあって、なおかつレスリングもちゃんとできる。レスリングもできるスタン・ハンセンみたいな存在だな」

続いてアラケンは意外なレスラーの名を口にした。

「あと、ここだけの話だけど、こいつすげえなって思うのは長瀬館長だな。体のサイズは小さいし、フィジカル的な強さを感じることはないけど、とにかくプロレスがうまい。俺はファイト・オブ・ザ・リングという団体で館長と抗争をしたけど、試合をしていて楽しかったよ。２０１８年11月にやった試合が最後のシングルマッチなんだけど、俺の生涯二度目のベストバウト。館長をバカにする人もいるけれど、あの人は70年代から80年代前半のアメリカン・プロレスの間で試合をさせるとめちゃくちゃうまい。たとえば絞め技を仕掛けてもすぐにエスケープしない。ずっと耐える。ひたすら耐えに耐えて、ここぞというところで返してくる。あの試合は本当にいいプロレスだったね」

レスラー人生で一番のベストバウトを尋ねると、アラケンはインディー路線のきっかけをくれた雁之助との、最初で最後のシングルマッチ（２０１８年２月３日・ガッツワールド新木場大会）を挙げた。

「シングルマッチで闘った日が偶然にもＦＭＷ入門テストを受けたのと同じ、２月３日だったんだよ。だから亡くなったハヤブサさんが導いてくれたのかなって。雁之助さんとはほぼレスリングだけの試合になって、ロープに走っていないのに結構息が上がるんだよ。とにかくレスリングをやっているのが楽しくて（笑）」

アラケンは転戦してきた団体で様々なユニットに属し、タッグチームを組んできた。その中でベストパートナーと呼べるレスラーは誰なのだろうか？

「ベストパートナーはガンバレ☆プロレスの翔太さんかな。翔太さんとガッツワールドで組むことになったときに『俺は岩佐とのコンビでハデな合体攻撃をやり尽くしたから、翔太さんとの合体技は考えていない』と言ったら、『僕はタッグマッチでコーナーに振ってのトレイン攻撃とかあるじゃないですか。あれもやりたくないんです』って。彼はエディ・ゲレロに憧れていて、ズルい勝ち方をしたいわけ。俺もそういうスタイルを極めたいと思ってたから、やってて楽しかった。翔太さんはあらゆる年代のプロレスに精通していて、アメリカン・プロレスも日本のプロレスも好きなんだよ。俺もそこそこプロレスは見ているけど、彼には敵わない。彼は人がやらない空き家を探すのが得意、プロレスに人生を捧げているよね」

久しぶりに帰還した本籍・ドラゲーへの思い

2019年6月6日、アラケンは本籍であるドラゲーの後楽園ホール大会に約3年ぶりに参戦する。ウルティモ・ドラゴンがドラゲーの最高顧問となり復帰するなど、かつて闘龍門やドラゲーに関わっていたレスラーが帰ってきていた。そんな中、同年10月8日の後楽園ホール大会でアラケンはマイクで思いをぶちまけた。

「俺はこの10年間たった一人で、お前らからしたら『それどこの団体？』ってとこで試合してコツコツ食いつないで来て、また6月からこのリングにたどり着いたんだ。（中略）俺はこの10年間ウルティモ・ドラゴンの弟子だったことをずっと忘れずに戦ってきたぞ。（中略）よその団体で戦ってる俺を知ってるファンならわかると思うが、この新井健一郎はベビーフェイスとかヒールとかを超越した存在なんだ。新井健一郎、47歳！　今が全盛期だ！」

このマイクアピールの真意をアラケンは次のように語る。

「『ベビーフェイスもヒールも超越した存在』は俺の周りにすでにたくさんいた。たとえば、あの時の対戦相手の『R・E・D（Eita率いるヒールユニット）』もそうだし、KAZMA　SAKAMOTOさんや藤田ミノルさんもそう。どんなシチュエーションでもちゃんと自分の仕事をやる。そういうレスラーはインディーにもそこそこいるよ、という意味だったんだよ。それをドラゴンゲートの選手やファンも気づいていないから俺のあの言葉が新鮮に聞こえたのかもしれない。会場の反応はゾクゾク感じたよ。『アラケン、いまスゲーこと言っているぞ』って。ドラゴンゲートのファンは基本、ドラゴンゲートしか見ない人が多い。

俺は両国国技館や日本武道館みたいなデカい会場でシングルマッチをした経験はないけど、ローカルインディーでキャラもカラーも違う相手とプロレスをやってきた。海外で武者修行してきたようなもんだよ。だから経験値がすごく上がった。そういう意味で、俺はいま全盛期なんだよ」

アラケンの目には今のドラゲーは眩しく映る。

「ドラゴンゲートはこれまで山あり谷ありだったけど、闘龍門時代から変わらずに控室は活気がある。うまくいっている団体って控室が明るいんだよ。天龍源一郎さんの付き人をさせてもらっていたとき、ある団体の大会についていったことがあるんだよ。で、試合前の控室では本当に楽しそうにワイワイやっているわけ（笑）。やっぱこうだよな、元気のある団体は、って感心したよね。逆に元気のない団体の控室の空気は重いよ。仲が良い者だけで固まっているだけでまとまりがないんだよ。ドラゴンゲートはずっと活気を継続させている。スタートの時から若い選手たちで始めた団体なので、控室の中に世代の壁がなかった。それが20年も続いているって奇跡的な団体だよな」

２０２０年2月7日の後楽園ホール大会でアラケンはドラゴン・キッド&斎藤了との闘龍門トリオで久しぶりにタイトルマッチに挑んだ。

ＤＲＡＧＯＮＧＡＴＥのヨースケ・サンタマリア&奥田啓介&ストロングマシーン・Ｊ

と「R・E・D」の吉田隆司&ディアマンテ&H・Y・O（ヒョウ）の6人タッグ3WAY戦を制し、約12年ぶりにオープン・ザ・トライアングルゲート王座を戴冠する。この試合の主役はアラケンだった。ヒール転向してからはまず見せないトペ・スイシーダや新人時代に使っていたファイヤーバードスプラッシュまで繰り出し、最後は阪神タイガースープレックス・ホールドでH・Y・Oから3カウントを奪った。

いざという時が来たら、封印していた技の数々を駆使できるのは普段からの鍛錬とコンディション作りの賜物である。アラケンはドラゲーでも己の生き様を見せつけている。

「ベーシックなプロレス」「のらりくらりプロレス」「悪くよりズルい」

さまざまなインディー団体を転戦するようになってから、アラケンは殴る蹴る以外はコブラクロー、パイルドライバー、スリーパーホールドくらいしか技を出さなくなった。

取材の一環でアラケンが出場した6人タッグマッチを見る機会があった。

試合の最中、アラケンの一挙手一投足に目が釘付けになった。

使う技は少ない。殴る蹴る、レスリングの攻防、ショルダータックルやブレーンバスターが大技になるようなプロレス。だが、攻防を形作る所作が実に繊細で説得力があるのだ。

まるでパントマイムでもしているかのように、仕草や表情だけで試合のストーリーラインを表現する。それだけではない、試合における自身の立ち位置や感情といったものまで、テレビ番組のナビゲーターのようにわかりやすく提示してくれるのだ。

だからだろう。アラケンがいるだけで試合はより盛り上がる。なぜ彼がプロモーターから重宝されるのか、よくわかったような気がした。

一口にインディーと言っても選手のレベルには大きな差がある。スキルに大きな差がある選手と戦うとき、アラケンは基本に立ち返るという。

「とにかくベーシックなプロレスをすること。最初にインディーと接点を持ったのが鬼神道だったのがすごく大きい。初対戦の相手とはじっくりやりたい。STYLE-Eの主戦場だった西調布アリーナは施設の制約があって派手な技が使えなかった。だから、よりベーシックなプロレスを心掛けるようになったね。いきなり激しいロープワーク合戦とか裏のかけ合いとか、俺には出来ないから」

アラケンは自身のファイトスタイルを「のらりくらりプロレス」と称する。ある試合では味付けを間違えたと反省したり、ある試合では見事にハマったと感じる。そもそも「のらりくらりプロレス」とは何なのか？

「のらりくらりプロレスはとにかく動かないこと。ヒールになってつなぎを着るようになったんだけど、つなぎって動きにくいんだよ。それで自然とゆっくりとした間のプロレスになった。俺はへそ曲がりだから、ドラゴンゲートの他の選手がやっているようなプロレスはやりたくないんだよ」

のらりくらりプロレスについて語るとき、彼は意外なプロレスラーの凄さを例に出した。

「光が丘公園で葛西純さんとシングルマッチで対戦したとき、俺は曲者ぶり全開だったんだよ。でも、葛西さんは本当にすごかった。あの人はわざと俺の手のひらにのっかってくれた。俺が気持ちよく葛西さんを転がしているという感じの試合にさせてくれたんだ。あの葛西純が自分を殺して、俺のプロレスに付き合ってくれた。そして最後はしっかり自分のプロレスに俺を引き込んで、爆発させる。『これは敵わないな』と思ったよ」

アラケンは理想のヒールレスラー像を構築するために、日本凱旋前のグレート・カブキやグレート・ムタを参考にしたという。

「試合中はズルいという言葉をよく頭に浮かべている。悪いことじゃなくてズルいこと。悪いことは誰でもできるけど、ズルいことは難しい。今の時代のベビーフェイスは技を多くやりたがる傾向がある。そんなの勝手にやらせておけばいい。俺はかっこいい技をやるつもりはないね。相手の技は受け身のテクニックでしのげばいいし、タイミングよくズルいことをパッと出せたらいい。以前、カブキさんが雑誌のインタビューで『ズルいレスリングをやるんだ』とおっしゃっていたけど、参考にしているよ。カブキさんは凶器を持ち出すヒールはしょっぱい、レスリングでヒートを買うことが必要だと言っていた。今の時代でそれをやるとブーイングより感心されてしまう。今の若いレスラーは古典的な反則技に気がつかないことが多い。タイツをつかんでフォールしても『タイツ、タイツ』とは言わないし、指を二本極めても『反則だ』とアピールしないしね」

「プロレスは持ちつ持たれつだよ」アラケンが心を打たれた言葉

キャリア20年を越えるベテランとなったアラケン。彼はトレーニングマシンを使わず、腕立て伏せ、腹筋の自重式トレーニングでコンディションを作り、己の技量一つでどんな相手でも試合を成立させてきた。そんな彼が考えるプロレスの巧い・下手の判断基準とは？

「例えば自分が後に入場してリング上を見たときに、対戦相手がぼーっとしていたらその試合には気持ちが乗らない。少なくとも『新井健一郎、この野郎』と睨むくらいの気迫できてほしい。試合開始前の相手の様子は判断基準になるよね。WWEなんかは入場の練習をさせているっていうだろ。俺自身は適当に入場しているけど、試合は入場から始まっている。それが分かっていれば、相手の入場やコールを待っている間にボーっとなんてできないはず。

俺は試合前の控室とか開場前の選手の過ごし方を観察するのが好きなんだよ。たいていの場合はウォーミングアップをしたり、試合に向けて気持ちを昂らせたりするもんだけど、時々、草野球の感覚でプロレスをやっているような態度の選手もいたりする。そういう選手は巧い下手以前の問題だよね」

そんなアラケンには忘れられない心に響いた言葉があるという。

「ウォーリー山口さんが亡くなる前に、ファイト・オブ・ザ・リングの控室に来てくれて、『アラケンさんの試合はいつ見ても面白いよね』とか嬉しいことを言ってくれたんだよ。で、少し立ち話をしていたら、ウォーリーさんが『プロレスは持ちつ持たれつだよ』って言ってきたんだよ。その言葉がすごくしっくりきて。俺はどんな対戦相手でも見下しているつもりはなかったけど、それ以来、気持ちを新たにプロレスをするようになった。『プロレスは持ちつ持たれつ』、いい言葉だよな」

「早く50歳になりたい。50代には50代のプロレスがあるから」

ローカルインディーを主戦場にしながら、アラケンはWRESTLE-1やZERO1などのインディー枠を飛び出したリングにも上がるようになっている。今後の目標を尋ねると自信満々にこう教えてくれた。

「天龍さんが引退された65歳までは現役を続けたい。もちろんそれ以上も。途中で気が付いたんだけど、俺のスタイルでは体を大きくする必要はない。だから、ウェイトはあまりやらず、自重トレーニングで柔らかい筋肉をつけてきた。これまで大きな怪我もしていないから、多分60歳を過ぎてもそこそこの試合ができると思う。今は早く50歳になりたい。50代のプロレスというものがどんなものなのか知りたい。より古典的になるとは思うけど、その中に平成や令和のエッセンスはちょっとでも取り入れてうまくミックスさせると俺のスタイルは際立つと思うんだよ」

一連の発言が象徴しているように、アラケンにはプロレスという空間で唯一無二の作品を描き続けるアーティストのような側面もある。その原点にはあるミュージシャンの存在があった。

「俺は沢田研二さんのファンなんだ。中学1年の時から今に至るまで。中学1年のとき、ジュリーが半年ぐらい休業して、復帰して出た夜のヒットスタジオを見た。そこでジュリーは『灰とダイヤモンド』って曲を歌うんだけど、それまでのイメージと違って、やたらとアングラな雰囲気の曲だったんだよ。で、後々調べたらこの曲は自分で作詞作曲したらしくて、その歌詞がまるでそれまでの自分の芸能活動を否定するような内容だった。俺にはそれがめちゃくちゃかっこよく映って、すぐにレコードを買いにいったんだ。この曲を歌ったとき、ジュリーは37、38歳くらいだった。ちょうど俺がヒールに転向した年代なんだよ。ジュリーはその後、また煌びやかな曲を歌うようになって、それがヒールに転向してベビーフェイスに戻るみたいだった。プロレスは秒単位を争う競技ではないし、やろうと思えば50、60歳でもやれる。40代には40代のプロレスがあって、50代には50代のプロレスがあって、それを何か勝手にジュリーの生き方から学んだのかもしれないよね」

天龍が目指した「深化のプロレス」

アラケンはかつて天龍源一郎の付き人を5年間務めた経験がある。そんな天龍が全日本で天龍革命というムーブメントを起こしていた頃、ＵＷＦや前田日明のことを認め、刺激を受けていた。そんな時期に飛び出した名言がある。

「前田選手が進化するプロレスなら、俺は今まで使ってきた技もこれだけの体力と力があればプロレスの技も捨てたもんじゃないっていう掘り起こすプロレスかな。前田選手が進化なら、俺は深化だよ」

天龍が全盛期に目指した「深化のプロレス」。

アラケンが目指す「ベーシックなプロレス」「悪いよりズルいレスリング」。

体型やスタイルは違えど、２人が目指すプロレスは案外近くにあるのではないのか。

技やスタイルを新しく進化させるのではなく、既存の技やスタイルをより洗練させ、そこにスパイスを加えて、オリジナルとして深化させる。天龍の「深化のプロレス」をそう解釈すると、それは見事にアラケンのスタイルに重なる。

今日はこの団体、明日はこの団体と次々と転戦し、どんな相手でも好勝負を展開してプロモーターからの信頼を勝ち得ている深化を求めるズルいヒール・新井健一郎。彼のプロレスを求める旅はまだまだ続く。今が全盛期、そしてこれからも……。

「俺は究極のへそ曲がり。みんながＳＮＳをやるから俺はやらない。言いたいことがあれば試合やリング上のマイクとかで表現するから、あとはみんなが勝手に汲み取ってくれ！」

◎新井健一郎（あらい・けんいちろう）

［身長体重］176cm、80kg

［生年月日］1972年7月7日東京都練馬区出身

［デビュー］1998年11月29日デビュー

［所属］DRAGONGATE

［タイトル歴］NWA世界ウェルター級王座、オープン・ザ・ツインゲート王座、オープン・ザ・トライアングルゲート王座、STYLE-E無差別級王座、GWC認定シングル王座

［得意技］ジャンピング・パイルドライバー

かつては闘龍門でトップレスラーの一人として活躍。DRAGONGATE所属ながら、さまざまなインディー団体を彷徨う悪役職人レスラー。

【第六章】

マンモス佐々木
（プロレスリングFREEDOMS）

ラストマン・スタンディング
日本インディー界の
猛獣がリングに
上がり続ける理由

写真提供：プロレスリングFREEDOMS

「インディーとは、自分の生き方。
華々しい世界ではないけど、
絆を大切にして
泥臭く諦めずに生きるのが
インディーレスラーとしての
自分の生き方」

——マンモス佐々木

日本インディーの猛獣・マンモス佐々木

マンモス佐々木（以降マンモス）はメジャーとインディーに明確な格差があった時代に出現した日本インディー界の猛獣である。マンモスは２０００年代の日本のインディー界において希望の星だった。１８８センチ、１２５キロ（現在は１１５キロ）の巨体、チョークスラム、アッサムボム、ラリアットといった強烈なパワーファイト、動きも俊敏でドロップキックもなんなくこなす。攻めと受けが豪快でタイミングも抜群という天性のプロレスセンスに、当時のインディーマニアは夢を抱いた。

そんなマンモスもいまでは40代後半。デビュー20周年を越えて、インディーの重鎮ともいえるベテランレスラーになっている。私にとってマンモスは伝説のインディー団体ＦＭＷの生き証人の一人。彼の試合は映像で散々見てきたからこそ、思い入れがあった。聞きたいことは山ほどある。でもどこまで踏み込むべきなのだろうか。マンモスが波乱万丈のレスラー人生を送ってきたことを私はよく知っている。どうしても避けては通れないことも聞かなくてはいけない。私はある種の覚悟を決めて取材に挑むことにした。

２０１９年秋、マンモスが所属するプロレスリングＦＲＥＥＤＯＭＳ・新木場大会の試合前、会場の控室でマンモスに話を聞く機会を得た。相対したマンモスは全盛期に比べるとややスリムになっていたが、40代後半とは思えないほど若々しかった。こうしてマンモスの半生に迫る取材は始まったのだ。

天龍源一郎と前田日明に憧れた少年時代

マンモスは1974年7月23日、大阪府大阪市旭区で生まれた。一般的な普通の家庭で育ったが、近所から少し浮いていたような気がすると本人は語る。一時期は両親と離れて祖父母と一緒に暮らしていたこともある。中学生になるとラグビー部で汗を流した。

プロレスを好きになったきっかけは、初代タイガーマスクだった。その後、プロレス史に名を残すあのライバル闘争を見て、どっぷりハマるようになる。

「本格的にハマったのは、全日本プロレスのジャンボ鶴田さんと天龍源一郎さんの鶴龍対決を見てからですね。あの2人の闘いにはグイグイ惹きこまれるものがありました。あとは、第二次UWFにもハマって。1人でUWFの大阪大会も見に行ったんですよ。当時は色々な選手に憧れたけど、特に天龍さんと前田日明さんが好きでしたね。前田さんに関して、大阪では色々な〝伝説〟があるんです。僕の先輩が前田さんの母校・北陽高校の出身で、前田さんが駐車場にヤ○ザを誘い込んでしばいたとか、その駐車場が難波のここやとか、色々聞かされて『すげえ人やな』って思いましたね（笑）」

東関部屋からスカウトされ角界入り、横綱・曙の付き人を務める

マンモスは高校を中退後、タイル屋で働き、一人暮らしをしていた。将来はプロレスラーになると少年時代から決めていた。だが、どうすればなれるのかわからず、悶々とした日々を過ごしていた。一時期は生駒山でオートバイの走り屋をしていたこともあったという。

自動車免許を取得するために鳥取で合宿していた18歳の時、ある人物との出会いによって彼の運命は大きく変わる。

「大相撲が鳥取巡業に来てて、ミスタードーナツにふらっと入ったら、そこに東関《あずまぜき》親方（元高見山）がいらっしゃったんです。それで僕のデカい体を見て『いいね、相撲入る？』って声をかけていただいて。僕は『プロレスラーになります』と答えたんですが、『天龍が相撲からプロレスに転向しているじゃないか。まずは相撲で下地作りをしなよ』と返されて、そこから角界に入ったんです」

1992年11月にマンモスは東関部屋に入門し、翌年1月場所に初土俵を踏んだ。四股名

を若佐々木、浪速と改名し、最高位は三段目98枚目までいき、第64代横綱・曙の付き人を務めていた。

「横綱は厳しかったです。でも、それ以上に優しくて、明るい方でしたね。横綱も大のプロレス好きだったので、よく部屋で一緒にプロレスを見ました。WWE（WWF）やWCWなどのアメリカ・プロレスが好きだったので、僕のマッサージを受けながら見ていたり……。でも僕はFMWの方が好きだったので、横綱が寝るとこっそり大仁田さんのビデオに代えるんです。で、目を覚ました横綱に『なんだオマエ、花火なんか見てんのか』なんて言われたこともありましたね。横綱もデスマッチは嫌いじゃなかったみたいで、一緒に電流爆破を見たこともあります。横綱はプロレス転向した後、大仁田さんと電流爆破をやってますからね。あれが一番びっくりしましたよ（笑）」

こう語るマンモスも、2014年12月25日・FREEDOMS後楽園大会で曙とハードコアマッチで一騎打ちしている。曙は2005年にプロレス転向。全日本で三冠ヘビー級王者に輝くなど成功を収めていた。マンモスが得意にするハードコアに乗っかった曙がヨコヅナ・インパクト（パイルドライバー）でマンモスを破った。

試合後、マンモスはマイクで「横綱と出会ってから20年以上たってようやく同じ土俵に立てました。俺は今日という日を忘れへん」と語った。

怪我のため角界廃業、少年時代から夢だったプロレス転向

角界で出世街道を歩んでいくと思われていたマンモスだったが、思わぬアクシデントに見舞われる。本場所の土俵で右ヒザ前十字と内側靭帯を切る大怪我を負ってしまったのだ。両国国技館近くの病院に入院し、9時間かけて再建手術を受けた。次に靭帯を切ると人口靭帯になると医者から告げられた。懸命にリハビリに励んだマンモスは「もう後がないなら、もともとなりたかったプロレスラーになろう」と決意し、親方にその意向を伝えて、1997年に角界を廃業した。

もちろん、角界を去ることを横綱・曙にも伝えた。

「さすがに『相撲を辞めて、プロレスに行きます』とは言えなかったので、横綱には『実家の都合で辞めます』と伝えました。すると『困ったことがあったらいつでも話を聞くから、これからも相撲を忘れずに生きなさい』と言っていただいて。今はしごきや体罰が問題になっていますけど、当時の僕らからすると『やられて感謝』でした。横綱は角界の頂点ですから、そのお世話は大変で途中で逃げ出しちゃう人もいるんです。でも失敗して怒られるのは僕は当然だと思っていましたね。色々と怒られたこともありましたけど、そばにおいて一

緒にプロレスを見せてくれたのは、横綱なりに僕を教育してくれたのかなと勝手に思っています。自分の人生において横綱の存在は本当に大きくて、感謝の気持ちが強いんです」

角界を去った後、プロレス転向を決意したマンモス。彼が選んだリングはFMWだった。とにかく大仁田厚への憧れが強かったのだ。

「タイガー・ジェット・シンとかにボロボロにやられて、泥だらけや傷だらけになるのを見て、どんどん引き込まれて行って、この人の元でやりたいと思ったんです」

1997年春にマンモスはFMWに入団。同年12月8日の愛知大会での対中川浩二戦でデビューするまでの8ヶ月間、みっちり鍛えられた。

「道場では田中将斗さんとGOEMON（中川浩二）さんに、巡業では大矢《おおや》剛功《ひさかつ》さんに教えてもらいました。田中さんやGOEMONさんはターザン後藤さんの流れで全日本式、大矢さんは元新日本なので基礎体力練習とスパーリング中心の新日本式。ロープワークは新日本式がやりやすくて、受け身や基礎体力練習は全日本式が向いていると感じましたね」

日本第三のプロレス団体・FMWの時代

マンモスは本名の佐々木嘉則でデビューすると、持ち前の巨体とパワーファイトで新人ながらメインイベントのタッグマッチに登場したり、大仁田厚率いる「チーム０」というユニットの一員になったり、全日本プロレス時代の森嶋猛との若手対決に出陣するなど、何かと団体から期待をかけられていた。当時はビッグバン・ベイダーを彷彿とさせる黒と赤のダブルショルダーのロングタイツだったため、「皇帝力士」と呼ばれていた。

「あのベイダーコスチュームは、プロデューサーの伊藤豪さんから『（体形から）お前はベイダーだよな』と言われたのがきっかけ。別にああなりたかったわけじゃないんですよ（笑）」

当時のＦＭＷは新日本と全日本に次ぐ日本プロレス界の第三の団体という立ち位置。現在では世界のハードコアレスリングの先駆けである伝説の団体として語り継がれているが、日本におけるインディー団体の草分け的存在でもあり、日本で初めてミックスファイトと女子選手による単独興行も手がける男女混合団体でもあった。そして、エンターテイメント路線に踏み込んだ日本で最初の団体がこのＦＭＷ。スーパーインディーと呼ばれ、エンターテイメント路線に進んでも試合内容はハイレベルだった。

「とにかくＦＭＷは試合内容が凄かったです。地方の興行も大事にしていて手を絶対に抜かないんです。会場を沸かしてなんぼやという感じで。若い頃からお客さんを満足させるためにやってきました。レスラーとして自信をつけるためには練習しかないので、『ここまでやったから試合でも出せるんだ』と思えるくらい一生懸命やりましたね」

マンモスは新人時代からプロレスセンスが高く、豪快な攻めと受けを売りにしていた。言わば万能型の怪物レスラーである。影響を受けた人物を尋ねると、意外な名前が返ってきた。

「金村キンタローさんです。デスマッチもできるし、普通のプロレスもできる。あと試合における間の取り方ですよね、お手本にしたのは。田中さんと金村さんの試合は誰が見ても面白いですから」

この頃のＦＭＷに関して、マンモスに聞いてみたいことがあった。１９９９年2月、ＦＭＷ後楽園大会のメインで行われた田中将斗と黒田哲広の一騎打ちについてである。

マンモスは当時、大仁田が抜け、黒田が新しくリーダーとなった「チーム０」のメンバーだった。「チーム０」は大仁田が去り、保坂秀樹がヒールに転向、五所川原吾作がフェードアウトしていったことで、黒田とマンモスの2人だけになっていた。

同年1月、田中はＥＣＷから凱旋帰国すると、破竹の勢いで連勝街道を突き進み、団体を変えるために黒田と組みたいとリクエストしていた。だが、黒田は頑なに組むのを拒絶していた。試合は場内が大熱狂する名勝負となり田中が勝利した。試合後、田中が黒田に「一緒に組んでいこう」と呼びかける。だが黒田はその呼びかけを無視して立ち去ろうとしていた。どうやら黒田はたった一人になってもついてきてくれたマンモスのために拒んでいるようだった。するとマンモスが「田中さんの話を聞いてください」と黒田を押し留める。黒田はリングに戻り、田中と握手をして一緒にタッグを組んでいくことになった。マンモスはあのとき、なぜ黒田を止めたのか。

「あの人たちが組んだら誰が見ても面白いと思ったからです。田中さんと黒田さんは、リング上でなく、プライベートでもお互いをすごく意識していました。田中さんはもともと大仁田さんの付き人でしたが、大仁田さんは復帰すると黒田さんをかわいがるようになりました（大仁田は『ZEN』というユニットを組んで正規軍と対立。黒田は田中と相対するために大仁田の誘いを受け『ZEN』入りをしている）。そういうこともあってか、道場でも2人は同じ時間帯に絶対練習しないんです。朝、田中さんが来て、夕方に黒田さんが来るという感じで。2人はそういう関係でしたけど、絶対に組んだら面白くなるという確信があったんです。そのチャンスを逃したくなくて、僕はあのとき黒田さんを止めたんです」

マンモスは2000年に現在のリングネームである「マンモス佐々木」に改名。保坂秀樹とのコンビでWEWハードコアタッグ王者に輝くなど、ハードコア路線で頭角を現していく。パワーファイトとハードコアを組み合わせたスタイルは、それまで日本人レスラーでは誰も踏み入れていなかった領域だった。

「ECWの映像を見て、ハードコアとパワーファイトをミックスして立体的に試合をしたいなと思って出来上がったのがあのスタイルです」

ちなみに新日本プロレスのＥＶＩＬが相手の首にイスをかけ、もう1脚のイスで思いっきり叩く反則技を得意にしているが、この荒業の元祖がマンモスで、彼がやる場合はマンモスホームランと呼ばれていた。マンモスはＥＶＩＬが自分の技を使っていることを知って素直に嬉しかったという。

エンターテイメント路線を突き進むＦＭＷだったが、次第に経営が悪化していく。お世話になっていた田中をはじめレスラーが去っていく中、マンモスの存在感は日増しに強くなっていく。若手時代から得意にしていたチョークスラム、かつてＦＭＷ最強外国人レスラーとして活躍したザ・グラジエーターの十八番アッサムボム（シットダウン・パワーボム）やマンモスホームランで猛威を振るい、トップ戦線に名乗りを上げ、ＦＭＷのエースであるハヤブサの対角線に立つまでに成長を遂げた。だが、その先には苛烈な運命が待ち受けていた。

団体のエース・ハヤブサに緊急事態発生、対戦相手マンモスの告白

２００1年10月22日のＦＭＷ後楽園ホール大会。この日のメインイベントはハヤブサとマンモスのシングルマッチだった。

試合開始から13分が過ぎた頃だった。序盤から中盤までペースを握っていたマンモスに対

し、反撃に出たハヤブサがスワンダイブ式トペ・アトミコに続き、ライオンサルト（セカンドロープからのムーンサルト）という得意のムーブに移行した瞬間、ロープが回りやや体が反った状態で頭から落下。そのままハヤブサはピクリとも動かなくなる。

ファンや関係者に囲まれたリング上でハヤブサはマイクでこのような言葉を残した。

「みんなごめんなさい。オレが命をかけたＦＭＷを見捨てないでください」

それはまるでプロレスラーとしての遺言のようだった。

アクシデントから15分後、ハヤブサは現場に到着した救急車で病院に運ばれた。診断は頚椎損傷の重傷。全身不随という事実上の再起不能状態に追い込まれた。

この緊急事態によってハヤブサは無期限休業を余儀なくされる。看板レスラーであるハヤブサの離脱によって、ＦＭＷの経営はさらに悪化し、翌２００２年２月に倒産。日本プロレス第三の団体の歴史はこうして幕を下ろした。

あの日のことはこれまでも何度も取材を受けて語ってきたことだろうし、辛い思いをしてきたことだろう。忘れた日は１日もないはずだ。

だが、マンモスのレスラー人生を追うのならば、やはりこの事故についてどうしても触れなくてはいけない。試合前の緊張感が張り詰めた控室で、私は意を決してあの日のことを聞くことにした。マンモスは静かに語り始めた。

「あの試合はよく覚えていますが、未だに映像は見れないですね。あのシリーズは会社の経費がきつかったのか、バス移動が多くて。試合が終わってからすぐに次の会場に向けてバスで移動する日なんかもあって、ハヤブサさんには疲労の蓄積があったと思います。ハヤブサさんとの試合中に『これはいけるな』という手応えがあったんです。いい試合になっていくなという予感やイメージが湧いていたんです。これからという時にあのような事故に……」

マンモスは事故の詳細を説明してくれた。

「あの事故（セカンドロープからのムーンサルトの失敗）ですが、並みの人なら足を滑らせて受け身を取って終わりだったと思います。でもハヤブサさんは身体能力が高すぎるから無理に回ってしまったんじゃないかな。リングの上に動けなくなったハヤブサさんがいて、でも、できるかできないかは本人に聞かなければわからないから……、ハヤブサさんに覆いかぶさりながら『できますか?』って聞いたんです。そうしたらハヤブサさんが『ごめん、体が動かない』って。『この人がここまで言うんだから、本当に無理なんだ』と思いました。そうしたら、まだ事態をよく呑み込めていなかったのか、レフェリーのマーティ浅見さんがハヤブサさんの体を動かそうとしたんです。僕は『まずい』と思って、それを止めました。入院してからはしばらく面会謝絶で、心臓の手術なんかもあってなかなかハヤブサさんに会えなかったのが辛かったです」

ハヤブサはマンモスがＦＭＷに入団した時にはすでに団体の看板レスラーで、エースとして命懸けで団体を守り発展させてきた。ハヤブサはマンモスにとって特別な存在だった。

「僕の中でハヤブサさんは、田中さん、金村さん、黒田さんとも違う、ひとつ抜けた存在でした。大仁田さんもメジャーに出ましたが、ハヤブサさんはＦＭＷというホームリングに帰ってきた。大仁田さんがＦＭＷを離れてから、よくハヤブサさんと飲みに行きました。でも、一度も大仁田さんを悪く言わなかった。いつも『ＦＭＷにはオマエが必要だ』って言ってくれて、『そこまで言ってくれるのなら、ＦＭＷでがんばろう』と思えたんです」

あの事故の影響で上下半身マヒの生活を余儀なくされたハヤブサだったが、リング復帰を諦めることはなかった。懸命なリハビリにより自力で立ち上がり、補助付きで歩けるまで回復した。しかし、２０１６年3月3日正午、くも膜下出血によりこの世を去った。享年47歳。不死鳥と呼ばれたハヤブサの魂は、いまでも消えることなくプロレス界に残り続けている。

悲劇の連鎖反応…ＦＭＷ倒産、分裂、団体社長自殺、先輩・冬木逝去

ハヤブサの事故後、ＦＭＷを守るためにマンモス、ミスター雁之助、金村キンタロー、黒田哲広が決起する。そんな彼等の前に立ちはだかったのは天龍源一郎、冬木弘道らＷＡＲ軍

だった。

２００１年12月９日、ＦＭＷ・後楽園ホール大会で行われたミスター雁之助＆金村キンタロー＆黒田哲広＆マンモス佐々木 vs 天龍源一郎＆冬木弘道＆嵐＆北原光騎の８人タッグマッチは場内が熱狂した。そして、この試合がＦＭＷが提供した最後のベストバウトだった。

「あれが天龍さんとの出会いなので忘れられないですね。あのときは自分も必死だったけど、後輩のガルーダがメキシコ遠征から呼び戻されて、マスクを被させられてハヤブサさんの後継者みたいに扱われていたんです。それが本当に苦しそうだったので、僕がＦＭＷを引っ張ることで、その苦痛を少しでも取り除いてあげたいという思いが強かった。対戦相手のＷＡＲ軍の４人はとにかく怖かった。こちらの攻撃をあまり受けない〝ガチ〟な感じをリングに持ち込んできていましたからね。でも、こっちも絶対に引くわけにはいかなかった」

２００２年２月、ＦＭＷは２日連続で不渡りを出して倒産。選手やスタッフは冬木が旗揚げしたＷＥＷ（冬木軍プロモーション・アパッチプロレス軍）とミスター雁之助やハヤブサが設立したＷＭＦに分裂していく。

団体崩壊後に失踪していた荒井昌一元社長は同年５月16日、公園で首吊り自殺。ＷＥＷを旗揚げしたばかりの冬木は同年４月に大腸がんが発覚し、レスラーを引退。冬木のがんは肝臓などにも転移し、２００３年３月19日、42歳の若さで逝去した。

ハヤブサの事故、荒井社長と冬木の死……。ＦＭＷにかかわった者に悲劇の連鎖反応が続いていく。マンモスにとってＦＭＷは家族のようなものだった。

「ＦＭＷは僕にとっていまも精神的支柱なんです。ＦＭＷの人たちとはたとえ一時期離れていたとしても、なぜかずっと一緒だったという感覚があるんです。自分は入場曲にＦＭＷのテーマ曲を使っているんですが、この曲を聞いて『懐かしい』『昔、見てました』とか言ってくださるファンの方がいて。昔から見ていただいているファンの方々がこの曲を会場で聞いて、少しでも当時のことを思い出してくれたら……。それが志半ばで亡くなっていった先輩たちの無念を晴らすことにつながるんじゃないかと思っているんです」

マンモスがＦＭＷ崩壊後に選んだのはハヤブサがいるＷＭＦだった。団体の看板レスラーとして奮闘したが、ＷＥＷ勢との関係は継続していたという。

「実は団体が分かれてからも冬木さんのところにいったり、誕生日会に参加したりしているんです。金村さんとも若い頃から遊んでいたので、その関係は変わらなくて。新人の時から地方大会に先乗りして宣伝カーに乗って冬木さんと一緒に行動したりしていました。冬木さんは『ハヤブサの件があって、お前がそっち（ＷＭＦ）にいくのは分かる。お前に何かあったらこっち（ＷＥＷ）に連れ戻すからな』と言ってくれましたね」

２００２年8月28日にＷＭＦはディファ有明で旗揚げ戦を行い、マンモスはメインイベントで後輩のガルーダと対戦する。カナディアン・バックブリーカーから顔面を叩きつける新技「マンモスドライバー」で破った。そして試合後にマイクで思いの丈を込めて叫んだ。

「今日、旗揚げを迎えるために、すごいいっぱい悲しいことがありました。でもな、自分の気持ちを曲げて大事なものを忘れるぐらいなら、生きていたくねぇんだ！」

こうしてマンモスの第二のレスラー人生が始まったのである。

偉大なる先輩・天龍と冬木の薫陶を受けた男

リング上では接点があまりなかったが、冬木の教えは今でも役立っている。

「手取り足取り教えてもらったわけではないけど、試合をしていてパッと頭の中に浮かぶのがFMWの道場でもらった冬木さんからのアドバイスなんです。『グラウンドのときに体を斜めにして相手の関節を取るのは見栄えが悪い。体を真っ直ぐにして取れよ』とか、パッと出てくるんですよ」

そしてマンモスのレスラー人生に欠かせないのが天龍との出会いだ。2003年にマンモスと天龍は一騎打ちを果たす。この対戦は生涯のベストバウトだとマンモスは語っている。

その後、フリーで活動する天龍の付き人を務め、行動を共にした時期があった。天龍が付き人にした理由についてマンモスはこのように推測している。

「天龍さんは色々とあった僕を気にかけてくれて、自分のプロレスを近くで見せたいという思いがあったんじゃないかと思うんです」

マンモスが得意にする「29歳」（変型垂直落下式ブレーンバスター）は天龍が使う「53歳」のオマージュである。

「天龍さんは先生です。今まで僕が出会った中で一番プロレスラーらしい人だった。天龍さんと行動を共にしなかったら僕はプロレスを辞めていたと思う。実は2001年12月の8人タッグマッチの試合前にトイレでバッタリ天龍さんと会ったんですよ。『お疲れさまです』と挨拶すると天龍さんから『お前、東関部屋に顔を出しているか？』と聞かれて。『いえ、顔を出していません』と答えると『そうか、俺もだよ』と言われました。あの時は本当に震えましたよ（笑）。天龍さんがフリーとしてWJプロレスに参戦した頃から付かせてもらい、財布も預かっていました。その財布で天龍さんの買い物や洗濯したり。それでシリーズが終わり、天龍さんの財布を返しに行くと残金を自分にくれるんです」

マンモスは天龍からもらったこの言葉を胸に今もリングに上がっている。

「ちゃんとやっていると誰かが見ている。くさらずにやっていたら誰か見ているからくさるなよ」

天龍と冬木というレジェンドレスラーから薫陶を受けたマンモスが自らの意思で新たな行動を起こすのは、WMF入団から3年後の2005年のことである。

ライバル関本大介とメジャー団体・新日本プロレス

2005年、マンモスは所属するWMFを退団し、冬木が設立したWEWの流れを汲むアパッチプロレス軍に移籍する。

「WMFで給料を満額でもらったのは最初の1ヶ月だけでした。あとは給料を100パーセントもらったことは一度もないんですよ。でも、ハヤブサさんのことがあったので『石の上にも三年』だと思って3年はWMFで頑張ろうって。それで3年経って自分のやりたいことをやろうと。金村さんに誘ってもらったので、アパッチプロレス軍に入ったんです」

アパッチプロレス軍に移籍してからマンモスは大日本プロレスに参戦し、大日本が生んだマッスルモンスター・関本大介とインディー版名勝負数え歌を展開。関本とはタッグを組み、BJWタッグ王座も獲得した。

「関本は凄いレスラーですよ。互いに高め合える相手で、試合をすると体はきついんですが、『こいつと鎬《しのぎ》を削っている』と思えて心地いいんです。とにかく闘うのが楽しかった。タッグパートナーとしても、こんなに安心できる相手はいないですね」

数々の悲劇を乗り越え、日本インディー界の猛獣にようやく本領発揮する機会が訪れたのである。そんなマンモスに新たな強敵が現れる。メジャー団体・新日本プロレスだった。

当時の新日本は現場監督に復帰した長州力とリキプロがプロデュースする「ＬＯＣＫ　ＵＰ」というイベントを定期的に開催し、インディー選手たちも数多く参戦していた。暴走キングコングと呼ばれ新日本や「ＬＯＣＫ　ＵＰ」で大暴れしていたブレイク直前の真壁刀義《まかべとうぎ》がアパッチプロレス軍の至宝・ＷＥＷヘビー級王座を獲得したことによって、マンモスと新日本との接点が生まれる。マンモスは至宝奪還のために真壁と金網デスマッチで闘い、矢野通や石井智宏とも対戦した。マンモスは新日本のレスラーたちと肌を交えてある実感を得た。

「新日本とやってみて感じたのは柔軟さですね。『これが新日本プロレスだ』っていう部分はもちろん感じたんですが、それ以上に、自分たちと闘うことで何かを持ち帰ろうとしているのを感じました。だから、こっちも『持っていかれてたまるか』って必死でしたね。真壁さんは自分とやるときはすごく楽しそうに試合をしていた。敵でしたけど、いい出会いでしたね。矢野選手はうまかった。体が大きいのにレスリングの下地があって、すげぇややこしいヤツが現れたなと思いましたよ。石井さんは直線的で、どこか関本と同じ匂いがした。石井さんも天龍さんのところからキャリアを始めているので、武骨というか、闘いがいのある選手でしたね。そうした選手がいたから、新日本の今があるんだと思います」

２００７年9月23日、アパッチプロレス軍の後楽園大会で、マンモスは矢野通を得意の「29歳」で破り、ＷＥＷヘビー級王座を奪還。悲願のシングル初戴冠を果たした。試合後に興奮したファンがリングを取り囲みマットを叩いて喜んでいる光景を見て、マンモスは昔のＦＭＷを思い出していた。「これで昔のことが少しでも報われた」と感慨深かったという。

交通事故で戦線離脱、それでもプロレスを諦めず復帰

新日本との対戦でもその強さを発揮したマンモスだったが、思わぬ事故に遭遇する。

２００９年2月28日、車で信号待ちしていたところ、コンビニからバックで出てきた車が運転席に突っ込んできた。窓に手をかけてドアにもたれかかっていたので、半身にモロに突っ込まれ、頸椎挫傷という重傷を負い戦線離脱を余儀なくされたのだ。

関本と保持していたＢＪＷタッグ王座は返上。さらに欠場中、所属するアパッチプロレス軍が解散してしまう。あの事故について彼はこのように振り返る。

「実は事故の前から首を痛めていて、症状を抑えるのに大変だったんです。そんなときに事故に遭って……。リハビリをすればリングに戻れるかもしれないけど、前みたいに激しいプ

ロレスはできないかもしれない。正直、このままフェードアウトしようかなと思った時期もありました。でも、やっぱりちゃんとプロレスをやり切りたい。そうしないとお世話になったみなさんに申し訳ない、という気持ちが湧いてきたんです」

リング復帰に向けてリハビリに励み、地獄のような試練をクリアしようと懸命に生きるマンモスがいた。マンモスは2010年6月21日、アパッチ軍の盟友、佐々木貴と葛西純が立ち上げたＦＲＥＥＤＯＭＳの後楽園大会にて、ライバル関本大介とのシングル戦で復帰を果たした後、ＦＲＥＥＤＯＭＳに入団した。

関本との復帰戦では欠場前と変わらない怪物ぶりを発揮し、関本から「本当に復帰戦ですか？」と驚かれるほどだった。関本から「マンモスさん、お帰りなさい」と労いの言葉をかけられたマンモスは試合後の控室でこう語った。

「やっと帰ってこれました。大介と闘いたかったのは2個理由があって、1個は自分の眠ってるものを起こしたかった。もう1個は大介とはタッグチャンピオンが中途半端になってしまったケジメです。（中略）（久しぶりのリングの感触は？）生きてるって感じました。ホンマに自分が生きてるのか死んでるのかわからなかったし。でも生きてるのを感じました。死にたいとかもう終わりじゃないかなってとこまでいって、そこからやっと帰ってこれた。もしそういう人が、きょうの自分を見てちょっとでも頑張ろうと思ってくれたら、幸いです」

だが、事故の影響は大きく、以前のような激しいレスリングがやはりできなかった。マンモスはメイン戦線から離脱し、年齢を重ねて40代後半のベテランの域に差し掛かった。それでも周囲はマンモスに温かった。

「体調が万全ではないので、関本戦のような肉弾戦はもうできなくなった。その点は後悔というか、残念です。でも、FREEDOMSのみんなはそんな万全ではない自分を受け入れてくれた。ちゃんとフォローしてくれたんです」

真っ向勝負の肉弾戦はもうできないかもしれない。だが、それでもマンモスはリングに立ち続け、生き様を示すことにこだわっている。

自分も天龍さんのように腹一杯プロレスがしたい

冒頭でも触れたがマンモスはインディー選手でありながら、メジャーでも通用する実力とポテンシャルがあった。当然ながら彼の実力ならメジャー団体が放っておくはずがない。

「実は、FMWが崩壊してからWMFを旗揚げするまでの間に、あるメジャー団体から誘われたことがあったんです。でも、すぐに断りました。WMFは旗揚げの準備をしていたし、なによりハヤブサさんを残してはいけない。あの時の決断に後悔はないのか、聞かれることがあります。でも、メジャーに行っていた方がきっと後悔していたでしょうね。あんな大きなケガをした人を見捨てたのか、と僕はずっと自分を責めたと思います」

プロレスラーの生き方は多種多様。生活のために、ステップアップのためにインディーからメジャーに移籍するレスラーはたくさんいる。それはプロとして正解だ。

だがマンモスのように人と人とのつながりにこだわり、自分の居場所に留まり闘い続けることもまた正解なのだ。みんな違ってみんないい。己の信念を貫くマンモスの生き様は立派ではないか。

マンモスにはいまプロレスラーとして目標がある。

「今のＦＲＥＥＤＯＭＳを大きくすること。若手を育てるのが目標です」

マンモスはＦＲＥＥＤＯＭＳの若手である平田智也や鎌田直樹と対戦したときに高い壁として立ちはだかる。団体の重鎮や門番という役割を彼は全うしようとしている。

思えばマンモスが生まれ育ったＦＭＷ出身の現役レスラーは年々少なくなっている。何度も引退しては復帰している大仁田は置いておくとして、冬木やハヤブサがこの世を去り、雁之助や金村も引退した。後輩レスラーも引退したりフェードアウトしていった。かつてタッグを組んだ保坂は大腸がんを患い壮絶な闘病生活を送っている。また角界でお世話になった横綱・曙は急性心不全で入院し、リハビリに励んでいる。

プロレスは危険な戦場、安全でいられる保証などない。それでも彼はリングを目指す。そこに生きがいがあるからだ。かつてマンモスは矢野を破りWEWヘビー級王者になった時にこのようなコメントを残している。

「俺らはちっさいインディペンデントだと思います。1%でも可能性があったら死ぬまで諦めへん」

この信念をマンモスはずっと継続してきた。試合順など関係ない。たとえ前座や中盤に試合を組まれたとしても、その日その日にやれるベストを尽くせばいいのだ。

日本インディー界の猛獣は簡単にリングを去ることはできない。彼の大きな背中には志半ばにリングを下りざるを得なかったレスラーたちの魂が乗り移っている。マンモスがリングに上がり続けることで、彼らのことを思い出してくれればいい、自分が青春を捧げたFMWを思い出してくれればいい、そうした思いを胸に秘めてマンモスは今日もリングに上がる。

彼は最後にこのように語った。

「天龍さんからもらった『腹一杯のプロレス』。僕も腹一杯になるまでプロレスしたいんです」

さまざまな苦悩や悲劇を乗り越えて、様々な思いを背負ってリングに立つ、マンモス佐々木のラストマン・スタンディング（最後に生き残った男）という生き様。そこにはどんなレジェンドレスラーに勝るとも劣らない、〝ザ・プロレスラー〟の色気と哀愁が漂っている。

◎マンモス佐々木（まんもす・ささき）

［身長体重］188cm、115kg

［生年月日］1974年7月23日大阪府大阪市出身

［デビュー］1997年12月8日デビュー

［所属］プロレスリングFREEDOMS

［タイトル歴］WEWヘビー級王座、WEWハードコア王座、WEWタッグ王座。WEWハードコアタッグ王座、BJW認定タッグ王座、KING of FREEDOM WORLD TAG王座

［得意技］29歳、アッサムボム

プロレスリングFREEDOMSの重鎮。かつて伝説のインディー団体FMWで活躍。その実力はメジャーにも負けないインディー屈指の大怪獣。

【第七章】

竹田誠志《まさし》（フリー）

誇り高きクレイジーな流儀
日本のプロレス界には
世界最狂のデスマッチ覇王がいる

写真提供：竹田誠志

「インディーは
メジャーとは違う自由な場所。
今まで偏見で見られたものが
子どものように成長し、変わっていく。
これこそ成り上がり」

――竹田誠志

デスマッチの最前線を走るトップランナー

日本におけるデスマッチの歴史は古い。１９７０年に国際プロレスが開催したラッシャー木村vsドクター・デスの金網デスマッチがその起源である。そもそもプロレス界にデスマッチが導入された意義は「ライバル関係にある選手同士の完全決着戦」「スペクタクルを演出」「レスラー・団体の独創性を演出」の三つである。

デスマッチを看板として扱うようになったのが大仁田厚率いるインディー団体ＦＭＷ。ノーロープ有刺鉄線電流爆破デスマッチがプロレス界全体に波及するほどの大ヒットとなり、ＦＭＷは一躍注目を浴びるようになった。

またミスター・ポーゴや松永光弘が活躍したＷ★ＩＮＧは、ＦＭＷを超える過激なデスマッチ路線でマニアの支持を受けるようになった。棺桶デスマッチ、ファイヤーデスマッチ、五寸釘デスマッチといったバラエティーに富んだ試合形式も注目を集めた。

そして時は流れて21世紀。デスマッチはプロレス界を支える大きなジャンルの１つとなった。デスマッチ戦線とストロング戦線で日本最大手のインディー団体である大日本プロレスが導入した蛍光灯というアイテムはデスマッチの歴史を変えた。

大仁田厚、葛西純とデスマッチにおけるカリスマが誕生する中で、今現在のデスマッチ最前線でトップランナーとして暴れ回っているのが竹田誠志である。172センチ、90キロの筋肉で覆われた分厚い肉体を誇る、人呼んで「クレイジー・キッド」。2018年にはBJW認定デスマッチヘビー級王座（前年に獲得）とKING of FREEDOM WORLD王座の二冠王に君臨し、デスマッチの天下統一を果たした。

総合格闘技で経験を積み、デスマッチの世界で才能を開花させた竹田のレスラー人生を追ってみよう。

痛いことに興味心が強かった野球少年

竹田誠志は1985年8月13日東京都町田市で生まれた。

痛みに興味を持つ少し変わった少年だった。幼稚園の頃、「どうなるか知りたくて」母の自転車の後ろに乗っているときにわざと後輪に足を突っ込んだこともあった。注射でも一回も泣いたことがなく、針が刺さるのが面白くてずっと凝視していたという。この特性が後にデスマッチファイターとしての仕事に繋がるわけなので、人生は不思議なものである。

竹田は少年時代から野球が好きだった。小学4年から中学3年まで野球をしていた。

「父が巨人ファンで、その影響で巨人の帽子を被せられたりして育ちました。でも、僕は広島ファンだった。巨人は嫌いではなかったけど、小学4年の時に親戚のおじさんに神宮球場に連れていってもらって、カープvsヤクルトを見てからファンになったんです。当時のカープは戦力が揃っているのに、どこかアンダーグラウンド感があって最高でしたね」

そんな野球少年の竹田がプロレスに出会うのは小学4年の時。友人と一緒にお昼に放映されていた1997年1月4日の新日・東京ドーム大会のテレビ中継を見たのがきっかけである。そこからテレビゲームの「ファイヤープロレスリング」をやって、「おもしれぇ」となりプロレスが好きになった。

ただ、実際のプロレスを見るようになるのはもっと先の話である。

「本格的に見たのは中学2年の時、神奈川の相模原に新日本プロレスが来て観戦しにいったんです。好きだったのは、G・EGGS時代の吉江豊さん。当時の吉江さんは海外から凱旋した頃だったんだけど、どこかチグハグで迷走していたところが気になったんです」

プロレスにハマった竹田はある日、友人が借りてきたあるビデオに出会う。

「中学3年の時に、友達が『やべぇプロレス見つけた』とビデオを持ってきてくれて。そのパッケージが血だらけなんですよ（笑）。大日本プロレスの旗揚げ戦のビデオで、ケンドー・ナガサキさんがデスマッチで闘っていたんです。友達はその試合を見て引いていたけど、俺だけ『めっちゃおもしれぇ』『すげぇ血を流している』って興味を持ったんです」

デスマッチと出会い、彼のプロレス熱はさらに拍車がかかる。この頃にカッコいいなと思ったレスラーが当時若手だったあのカリスマである。

「週刊プロレスや週刊ゴングのインディーの記事を読み直して、さらに興味を持って。当時CZWが日本に来ていた頃で、葛西純さんがCZW JAPANに入ったりしていて、『この人カッコいいな』と思ってました。そこから高校1年の時に、大日本の横浜文化体育館大会を見に行って、そこから葛西さんにハマりましたね」

実は竹田にはかつてはお笑い芸人を目指した過去があった。

「僕は元々お笑い芸人になりたかったんです。兄が役者をやっていまして、オーディションを受けたりしていて、自分もやってみたいと思って中学3年の時にトリオで『中高生お笑い登龍門』というお笑いオーディションにエントリーしたんです。僕は突っ込みだったんですが、そのオーディションですべってしまって（笑）。漫才をマイクから遠い位置でやりすぎたので、会場の皆さんに聞こえていなかったんです。このオーディションにアンジャッシュさんが来ていて『また頑張ろう』と言われました。僕は大丈夫だったんですが、相方の心が折れてしまって……」

プロレスラーを目指して始めたレスリング

お笑い芸人になることを断念した竹田が次に目指したのがプロレスラーだった。高校に入学すると彼はレスリング部に入部することになる。

「僕はスーツを着てサラリーマンとかやりたくなくて、人とは違う仕事がしたかった。お笑いがダメになった時にデスマッチがやりたいなと思って。そこから自主練して親からクリスマスプレゼントとしてベンチプレスを買ってもらいました。プロレスをやるにはどうすればいいのかと考えて、選手名鑑を見るとレスリング出身の方が多いので、東京で一番強いレスリング部がある高校（自由ヶ丘学園高等学校）に入ってレスリングを始めました。高校3年間、レスリングをやって、国体やインターハイの団体戦に出ました」

得意技の一つである「国体1回戦スラム（オリンピック予選スラム・アングルスラム）」は実際にレスリングで国体に出場して1回戦敗退したことに因んでいる。

高校三年時の担任がプロレスマニアだったことをいいことに、道徳の授業などで空き時間ができると視聴覚室で大日本のデスマッチを流したり、学園祭で「デスマッチ凶器展示会」という展示をし、自作の有刺鉄線ボードや有刺鉄線バットを飾り、展示会場でプロレスしたりと、プロレス的にも充実した学校生活を満喫していた。

高校も卒業が近くなり進路を決めるときが来た。もちろん竹田は高校卒業後にプロレスラーになると決めていたのだが……。

「進路相談で顧問から『大学に進学して体育教師になれよ。日体大や国士舘ならどうにかなるぞ』と言ってくれたんですが、僕は大学に頑なに行きたくなくて、『このままプロレスラーになって大日本プロレスに就職したいです』と言ったんです。担任に相談すると『お前、大日本に行っても食えねぇぞ。しかも血だらけになるし親が悲しむよ。悪いことは言わないから1年でもいいから学校に行って資格でも取れよ』と言われて、高校卒業後に料理の専門学校にいくことになったんです」

U-FILE CAMPから総合格闘技デビュー

竹田は料理の専門学校に進み、調理師免許を取得することになる。プロレスラーの夢は諦めたわけではなく、学校に通う傍らで地元にできた元DEEPミドル級王者・上山龍紀《うえやまりゅうき》がインストラクターを務めるU-FILE CAMP町田に入会し、トレーニングを積んだ。

竹田曰く、この時期が一番遊んだという。

「朝7時に起きて学校にいって授業を受けて、18時から24時までU-FILE CAMP町田で練習なので、それまでは遊んで、練習が終わって友達と合流して食事して飲みに行って、朝5時まで遊んでましたね」

上山からは主にUWFと総合格闘技の技術を学んだ。専門学校を卒業すると正式にU－FILE　CAMPに入門し、プロレスではなく、総合格闘技でデビューすることになった。

「色々な団体からオファーをもらって、最初はパンクラスのネオブラッド・トーナメントに出て2回戦で負けて。DEEPのフューチャーキングトーナメントの決勝で負けて。その後、ZSTのSWATという大会があって総当たりリーグ戦に出て優勝して、そこからZSTの本戦デビューしたんです」

竹田が主戦場にしたZSTはリングスの元スタッフが中心となって運営しており、リングスが採用していた、グラウンドでの顔面攻撃やクローズドガード禁止のKOKルールを採り入れていた。そこで竹田は荒々しい野性味溢れるファイトで存在感を示した。

「総合格闘技の寝技で押さえ込むネチネチした攻防があんまり好きじゃなくて。ガンガン行くスタイルでやっていた。ZSTの上原代表にはプロレスラーっぽいことをしてほしいってリクエストされて、よくかわいがってもらいましたよ」

2007年10月にはZSTでライバル関係にあった内村洋次郎と初代ZSTウェルター級（75キロ級）王者の座をかけて対戦し、敗れた。もしここで王者になっていたとしたら、総合格闘技のメジャー団体から声がかかり、竹田の人生も変わっていたかもしれない。実際、竹田はこの頃、総合格闘家としてやっていくことを考えていた。

「当時はプロレスを諦めかけていた時期で、PRIDE武士道（軽量級に特化した総合格闘技のイベント）に出ていた川尻達也さんとか、五味隆典さんが好きだったんですよ。それでPRIDE武士道を目指そうかなと思ったこともあったんです」

STYLE-Eでプロレスデビュー

竹田が所属していたU-FILE CAMPには様々な部門がある。

UWF主体のU-STYLE以外にも、グラップリング主体のSTYLE-G、打撃主体のSTYLE-S、総合格闘技ルールのSTYLE-Vとある中で、プロレス部門のSTYLE-Eというリングがあった。U-FILE CAMP西調布ジムに併設された、西調布格闘技アリーナで定期戦を開催していた。

U-FILE CAMPは週に3回昼にプロ選手が集まって合同練習を行うのだが、そこにSTYLE-Eに参戦していた田村和宏（TAMURA）や佐々木恭介（佐々木日田丸《ひたまる》）が参加していた。そこで竹田は佐々木から「プロレスが好きなら、月一でSTYLE-Eのプロレス興行やっているから見に来なよ」と声をかけられる。

「実は行く前はちょっとバカにしていて、『どうせプロレスごっこみたいなものだろうな』と思っていたんですが、いざ見ると意外とちゃんとしていて。終わった後に『どうだった』と聞かれ、『おもしろかったです』と答えると『練習生として練習に来ない？』と誘われて、そこからＳＴＹＬＥ‐Ｅに行くことになったんです。ＳＴＹＬＥ‐Ｅでは田村さん、佐々木さんに教えてもらいました。あとＵ‐ＦＩＬＥ　ＣＡＭＰにもプロレス教室があって、そこでは女子プロレスラーのＡＫＩＮＯさんにも教わりましたね。指導は完全に純プロレスでした。とにかく受け身がきつかったです」

２００７年1月20日、竹田はＳＴＹＬＥ‐Ｅのリングで佐々木恭介相手にプロレスデビューをした。当時はプロレスと総合格闘技の活動を並行していたが、やがてプロレス一本に徐々にシフトしていくようになる。ＳＴＹＬＥ‐Ｅはプロレスラーとしての原点だが、竹田は色々と思うところがあったようだ。

「デビューした当時はプロレスできればいいやと思っていて『プロレスをやれて幸せだな』と。月一の大会でもやってて充実感はあったんです。ただ自分が目指しているものとは違ってエンターテイメント色が強くて、そこに違和感を感じていましたね。田村さんが一番上でやり出した頃から『なんで田村さんばかり目立つのか』『このストーリーはおかしい』っていう不満が出てきて、最終的にはそんな不満が爆発して辞めたんです。今は田村さんとはなんのわだかまりもないですよ」

2012年にSTYLE‐Eを離脱した竹田はSTYLE‐Eの母体であるU‐FILE CAMPに移籍。その後、2015年にフリーとなり、あらゆる団体に転戦している。

「いつかはどこかに入るのかもしれないけど、規制があって何もかも団体を通さないといけない時代なのでフリーでやっていた方が僕の体には合っています」

大日本プロレス参戦で味わったデスマッチの難しさ

竹田がSTYLE‐Eで1年近くプロレスした頃の話である。

様々な団体に参戦する先輩に付いていったり、総合格闘技の経験もあるプロレスラー橋本友彦の自主興行MAKEHENにレギュラー参戦したりしていた。

このMAKEHENに大日本プロレスでも活躍していた佐々木貴や李日韓レフェリーが参加していたので、竹田は「昔からデスマッチ好きで、大日本プロレスに出たいんです」と思い切って売り込みをかけてみた。すると次世代デスマッチファイターのトライアウトを開催するのでそこに出てみないかという話となった。

2008年1月の桂スタジオ大会で、竹田は学生時代に夢見ていた大日本プロレスに参戦することになった。第0試合に出場したが、本人曰く「やっちまったな」という試合をしてしまう。ちなみにこの大会で憧れていた葛西純と初対面を果たす。

同年10月には葛西とハードコアルールの6人タッグで激突。これが念願だった大日本でのデスマッチデビュー戦となった。実際にデスマッチの世界に入ると楽しかった。だがそれ以上にデスマッチの難しさを感じていた。

「思っていたより頭を使わなきゃならないので難しかった。初めて蛍光灯デスマッチをやったときは『スゲー気持ちいい』『痛くて血が流れて俺が求めたものだ』という充実感はあったんですけど、数をこなしていく内にやっぱり奥が深いなと。ただ単に蛍光灯で殴ればいいわけじゃない。デスマッチはどんどん進化していて、もう殴る蹴るだけじゃなかったんです」

2000年代以降は、大日本を中心にデスマッチはレスリングスキルが求められ、デスマッチで使用するアイテムをいかに有効活用するのかという路線に移行していた。

「この凶器を使ってどう使ったら面白いのか、人がやっていないことをやるにはどうすればいいのか、考えることがいっぱいなんです。ただ血を流しているだけではダメで、生き様を見せないといけない。痛いとか血は抵抗はなかったんですが、ケガは多い方だったんです。すぐに皮膚が切れたりして、そこは苦労しましたね。デスマッチファイターは大勢いたけど似たり寄ったりになっていて、僕も葛西さんのコピーと言われて。自己PRとかセルフプロデュースは難しいなと思いました。とにかく個性を出すことに苦労しました」

竹田には当時、もうひとつ課題があった。格闘技の世界からプロレスに参戦した選手たちの試合は試合展開がバタバタしてしまったり、ぎこちない展開になるケースがある。竹田も当初はプロレスへのアジャストに苦しんでいた。

「最初は自分のスタイルに迷っていて、格闘技っぽいことを全然やらずに、純プロレスをやると空回りしていたんです。個性が出せなくて自分のスタイルに迷っていたんですね。格闘技は自分が勝てばいい、プロレスはお客さんを楽しませなくてはいけない。そこで自分の個性を考えた時に格闘技をデスマッチに活かしたいと思って、強さを証明できるデスマッチファイターを目指すことにしたんです」

デスマッチで格闘技者としての強さを打ち出した選手はいない。その空き家を見つけた竹田。そのスタイルを確立していくにはやはり経験が必要だった。

「結構色々な団体に呼んでもらって、一時期は年間200試合くらいしました。とにかく場数を踏んだのが大きかった。あと試合会場で関本大介さんに教えてもらったり、色々な選手に教えてもらって吸収しましたね」

これが腕十字をかけながら、凶器で腕をズタズタにしたり、相手に蛍光灯を持たせてのロッキンポ（ランニング・ニーバット）といった、彼ならではのデスマッチテクニックに繋がるのである。

デスマッチのカリスマ・葛西純

竹田のレスラー人生を語るときに欠かせない存在と言えば、やはり〝デスマッチのカリスマ〟葛西純。学生時代から葛西に憧れ、タッグを組んだり、シングルマッチで激突すれば名勝負を展開し、プライベートも仲がいいというういわば兄弟分のような関係である。

葛西との関係は竹田が総合格闘技をしていた時期から始まっている。

「U‐FILE　CAMPで総合格闘技をしているときに、インストラクターをしていた上山さんのお兄さんのいるスポーツジムに葛西さんが通っていたんです。そこで『うちのジムの子で葛西さんが好きな子がいるんですよ』と話してくれていたらしいです。だから初めて会った時に葛西さんに『上山さんから聞いているよ』と言ってもらって。家の方向が近かったので、一緒に帰ったりしましたね」

その関係を物語るこんなエピソードがある。

「初めてデスマッチをやる時にそれまでスパッツで試合をしていたんですが、葛西さんが

『コスチュームをつくった方がいいよ。なんなら紹介するよ』と言われて、コスチュームをつくってもらうと葛西さんがコスチューム代を出してくれたんです。葛西さんからは『お前は俺がいる間は大丈夫だから心配するなよ』と言われましたね。あの人と食事にいくと『お前は金を出すな』といつも葛西さんがおごってくれます。そういう先輩なんです」

竹田は葛西に公私ともに可愛がってもらい、その凄さを改めて実感している。

「試合はもちろん、プライベートでも人間としても尊敬できるんです。こういう人間になりたいと。デスマッチでトップを取ってカリスマと呼ばれているのにスゲー普通なんですよ。天狗にならない。悪いことは悪いというし、人に流されない。結局、あの人は凄い人なのにそんな自覚がないんです。もっとメジャーなところでやってもいいのに……。葛西さんは背中で生き様を語るというか。それを試合で感じて『俺はまだまだだな』と。葛西さんがいなかったら今の自分はないです。葛西さんがいたから今の路線にいけたと思いますね」

竹田は初めて葛西とシングルマッチで対戦した２００９年12月25日の葛西純プロデュース興行でのガラスデスマッチについて語ってくれた。

「初めて葛西さんとシングルでやって。試合には負けたんですけど、葛西さんはマイクで『モノマネじゃなくて、竹田誠志ひとりの男として次は向き合おう』と言ってくれて、かなり響きました。葛西さんのコピーと言われて、それじゃいけないと気づかせてくれたのが葛西さん本人でした。その時から自分のスタイルを考えるようになったんです」

その4年後の2013年8月29日、後楽園ホールで行われた葛西純プロデュース興行。その目玉企画であるデスマッチトーナメント決勝で相まみえた2人。ノーキャンバスリング＋ガラスボードデスマッチという試合形式で文字通りの死闘が繰り広げられた。

壮絶な試合だった。葛西はテーブルの上に竹田をセットして、後楽園ホールのバルコニーからテーブルクラッシュという一番にしか出さない超危険技を敢行する。終盤の打撃戦を制した竹田がドラゴン・スープレックス・ホールドで憧れの葛西越えを果たした。この試合は彼のレスラー人生において印象に残っている試合の一つだという。

「このとき、葛西さんのコンディションはそんなに良くなかったんです。試合前に『今度いつシングルできるかわからないから楽しんでやろう』と言われて。試合でバルコニーダイブを食らったんですが、その時に耳元で葛西さんに『ありがとうな』と言われたのをよく覚えています。そういうものもあって勝ったときにリング上で初めて泣きましたね。色々な思いがこみ上げてきてスゲー泣けちゃって……。ゴング前にリングで向かい合った時点で葛西さんはすでに涙目だったし、お互いにグッとくるものがあったんです」

この試合後に2人はマイクで魂の叫びを交換している。

竹田「葛西さん、僕がデスマッチを始めて、一番最初に越えたい壁……すぐとなりに目標があったのはあなたなんです！　本当にデスマッチファイターとして向いていないんじゃないかとか、葛西純のただのコピーで終わるとかネガティブな考えばっかだったけど、でもあなたと一緒に近くにいて、すごいいろんなものを吸収して、そして今日あなたを越えることができました！　葛西さん、でもこれが終わりじゃない。まだ完璧にあなたを越えたとは言えないから、何遍でもやってください」

葛西「向かってきても向かってきても俺っちに勝てなかったのに、よくここまで成長して、俺っちに勝ったな。今日は完敗だよ。世界中に何人というデスマッチファイターがいるかもしれないけどその中で俺っちを追いかけてくれた竹田誠志という男が大好きだ！　でも俺っちは竹田誠志より、デスマッチが大好きなんだ！　だからまだまだ、竹田誠志＝デスマッチにはさせねぇ。まだまだ俺っちはデスマッチを追求していく。そして俺っちが滅びると共にデスマッチも滅びるんだよ！」

竹田「葛西純が辞めたらデスマッチ……それは俺が引退するまで言わせねぇぞ！　だからあんたが引退してもこのＦＲＥＥＤＯＭＳ、大日本、世界中のデスマッチのトップに立ってやるから！　お前ら全員ついてこい！」

結果と死闘を残して大躍進。世界最狂が語るデスマッチ論

葛西との宿命的な闘いを経て、竹田は格闘技仕込みの強さと葛西に勝るとも劣らない狂気性をミックスさせた独特のデスマッチで、異彩を放つ存在となる。

特にプロレス界全体に波及し、「プロレス大賞MVP候補」と呼ばれるほど躍進したのが2018年。BJWデスマッチヘビー級王座とKING of FREEDOM WORLD王座の二冠王となり、大日本とFREEDOMS両団体で死闘を繰り広げて、防衛ロードを突き進んだ。さらに同年9月にはアメリカのデスマッチ団体GCWで開催された「NGI ニック・ゲイジ・インビテーショナル3」というデスマッチ世界一決定トーナメントで優勝、「世界最狂」の称号を得た。

日本も制し、アメリカも制した。さらにメキシコのデスマッチ王であるビオレント・ジャックにも勝利し、竹田は誰にもマネができないデスマッチ界の天下統一を果たしたことになる。

竹田の凄さは、リングによって自分の打ち出し方を微妙に変えて、きちんとその団体に合ったデスマッチという作品を仕上げることができる点だろう。竹田が主に活動している大日本プロレスとFREEDOMSは同じデスマッチを主体にしているが、その特色は違う。

「大日本のデスマッチは、言うなれば家族でも見れるデスマッチなんです。ヒーローショーみたいなんですよ。ＦＲＥＥＤＯＭＳのデスマッチは『うわぁ』『エグい』って思わず言っちゃうデスマッチ。大日本がメジャーのデスマッチなら、ＦＲＥＥＤＯＭＳはアンダーグラウンドなんです。僕はどちらかというとアンダーグラウンドの方が合ってますね」

デスマッチのプロと豪語する彼にはひとつの信念がある。

「デスマッチファイターは致命傷を負ってはいけない。リングを降りてもきちんと歩いて普通に帰る。そこまでしないとデスマッチじゃない。試合でケガをして病院にいくとなると『あっ、やっちゃったな』とちょっとへこむんです。そうじゃないと誰でもデスマッチできるじゃないですか。以前はよく『死ぬくらいやってやる』なんて言っていたんですが、葛西さんに『生きるためにデスマッチやるんだよ』って言われて。そこで考えが変わったんです。ケガをしないのが一流のデスマッチファイターなんです」

竹田はアメリカに上がり多くのデスマッチを経験している。彼自身はアメリカのデスマッチが放つ自由な雰囲気は好きだという。

「アメリカには独特のアイテムがあるんです。木に釘がついたカーペットをとめるための金具とか、スーパーにあるめちゃくちゃ大きいカートに有刺鉄線を巻きつけたやつとか。アメリカのデスマッチ団体は日本でやっていることをよく取り入れていますよね。昔、石川修司さんと闘った時にアルミ缶ボードというのを持ち込んだんです。それがアメリカでパクられてて（笑）。アメリカのデスマッチはアンダーグラウンド中のアンダーグラウンドで、そんなに試合数があるわけじゃないので選手は後先を考えていないんです。本当にケガするデスマッチなんです。その中でケガをしないから彼等は凄いんです。今のスタイルを確立したきっかけがアメリカのデスマッチで、ＭＡＳＡＤＡという外国人レスラーと試合をした時に乱暴なんですけどインパクトが凄くてこういうスタイルいいなと思ったんです。アメリカのファンはノリが違うし、純粋にプロレスを楽しんでいますね」

ちなみに今まで対戦した中で印象に残っているレスラーは、２０１９年3月25日に大日本の「一騎当千」で好勝負を展開したＲＳＰと呼ばれる巨漢デスマッチファイターのリッキー・シェイン・ペイジだという。

「彼のことは闘う前は知らなかったけど、でかい体（１９６センチ、１２８キロ）で飛んでくるし、デスマッチのアイデアも凄かったです」

デスマッチはプロレスファンの中でも食わず嫌いや偏見を持たれやすいジャンルである。その偏見や食わず嫌いに竹田は真っ向から立ち向かっている。

「『デスマッチを見ていない人から『あんなことはプロレスじゃない』『蛍光灯で殴って血が流れて何が面白いの』とか結構言われるんですよ。だったら見に来いよと。見ないで言うんじゃなくて見て言ってほしい。でもその代わりに会場に来てくれたら損はさせない。デスマッチは普通のプロレスとやっていることは違うかもしれないけど、プロレスラーとしては違わないんです。あれもプロレス、これもプロレスなんです。一般社会に出るとよく傷をジロジロ見られますけど、会社でパソコンを打っているサラリーマンとリング上で傷つくデスマッチファイター。僕にとってそれは一緒なんです。何ら恥じることではなく、僕にとっては普通なんです」

そんな竹田は２０２０年2月3日、新木場1ｓｔＲＩＮＧで開催されたＧＣＷ日本公演初日でのメインイベントでオリン・バイトとデスマッチで対戦したのだが、包丁ボードの上でサイドバスターを食らい、尋常じゃない出血と裂傷を負い、レフェリーストップ負けを喫する。だが彼は怪我をしてもただでは去らなかった。

背中と肘を50針も縫う怪我を負いながらも、試合後マイクで「俺はギブアップしちゃいねえ！」と叫び、控室から救急車まで歩いて向かったのだ。

「ケガをしないのが一流のデスマッチファイター」「病院に運ばれる致命傷を負わない」という信条を持つ竹田にとってこの試合は相当悔しいだろう。だが、竹田は不測の事態に陥ってもデスマッチファイターとしての生き様をまざまざと見せつけた。

近年、デスマッチアイテムは危険さや過激さに拍車がかかっている。だが、デスマッチは残酷ショーでも人殺しショーでもなく、立派なプロレスのスタイル。デスマッチはプロレスという巨大な宇宙における一つの惑星なのだと……。

デスマッチは僕の命

プロのデスマッチファイターとしてのプライドを胸にリングに上がる竹田。今まで闘ってきた中で印象に残っているデスマッチについて聞いてみた。彼は２０１３年8月の葛西戦と共にこの試合を挙げてくれた。

「２０１３年6月30日の大日本プロレスの後楽園大会でやった石川修司さんとのブラッドレインデスマッチですね。石川さんは今はデスマッチから離れていますけど、あの体自体が凶器で、普通にプロレスの攻防をしてもきついんです。そこにプラスしてアイテムがガラスでしたからね。ダメージが半端じゃなかったですね。あれだけのダメージのあるデスマッチができるのはあの人しかいないですね」

筆者は個人的に、この試合は２０１３年度の日本プロレス界においてベスト5に入る試合だったと思っている。特に中盤に石川が繰り出した場外ガラスバリケードへの投げっぱなしスプラッシュマウンテンはあまりにも強烈で、これを受け切る竹田も立派だった。竹田が語っていた「デスマッチは生き様を見せなくてはならない」という言葉を体現したようなデスマッチだった。

印象に残っているデスマッチファイターについて聞くと、竹田にとって刺激を受ける同世代のあの二人の名が挙がった。

「宮本裕向《ゆうこう》さんと木高イサミさんは凄いと思います。宮本さんは今はあまり無茶はしないですが、もともとプロレス技術が半端なくて、綺麗なデスマッチをするんですよ。僕にはないものを持っていて、とにかく試合が噛み合うんです。イサミさんは頭がいいですね。それにタフですよね。あと外国人レスラーでいうと、ドレイク・ヤンガーは凄かった。レスリングがうまくて引き出しが多かったですね」

新世紀デスマッチファイターなどと呼ばれた竹田世代の選手たちも30歳を越え、これから次世代の高き壁にならなければならない。だからこそ聞きたい、今後注目しているデスマッチファイターの存在について。

「実績はまだないですが、今後化けそうだなと感じるのは大日本の石川勇希、彼はたぶんデスマッチをやりたくてプロレスラーになったと思う。宮本さんが『昔の竹田に似ている』って言ってたんですよ。あとは佐久田（俊行）ですね。彼は考えてデスマッチやっていますよね。でも大日本のデスマッチでは遠慮が見えて輝いていない。アンダーグラウンドの方が合っていると思う。絶対に自分をセーブしているのでもったいない」

デスマッチについて熱く語ってきた竹田。そんな彼にとってレスラー人生の大半を捧げてきたデスマッチとは？

「デスマッチは僕の命です。デスマッチがなければ生きていけない。だから普通のレスラーが名前を売ろうとしてデスマッチをやるのは嫌なんです。デスマッチは常人にはできないものなんです。どれだけ覚悟があるのか。プライドを持ってデスマッチをやっているのか。デスマッチファイターは非日常を見せないといけない。それを見てもらって皆さんにはストレス解消してもらいたいんです。僕らはデスマッチという映画の主役であり、その世界のプロ。プロのデスマッチファイターという意識を持たないといけないのです」

何をするのか分からないスタイルは竹田誠志のオリジナリティー

プロレスファンから絶大な人気を誇る「有田と週刊プロレスと」（Ａｍａｚｏｎプライム・ビデオ）でＭＣを務める倉持明日香さんが番組で「竹田選手には一挙手一投足、全部見入ってしまう。次、何をするのか、まったくわからないんです。目を奪われるような試合運びに惚れました」というコメントをしているのを見て、妙に納得したことがある。

葛西は竹田を「壊れたダンプカー」と評しているが、彼の何をするか分からないスタイルは飽くなき向上心から生まれた。

「最近よく言われることが多いですが、雰囲気って大事だなと思うんです。葛西さんがキ○ガイと呼ばれていて、僕はデスマッチバカ。新しい凶器を考えたり、海外のものを取り入れたりしていて、そういうのが何をするのか分からないスタイルに繋がっていると思う。僕は緩いことが嫌い。だから結構カタい攻撃が多くなるんです。攻めでも受けでも痛みを伝えないといけない。その中に格闘技の技術を要所要所に出していけるのが僕なのかなと。あと試合においてもスピードの中に狂気の要素を見せていきたい」

アメリカン・プロレスには、レスラーとして自己形成する際に、尊敬する3人のレスラーの個性をかけ合わせれば、自分だけのオリジナルのキャラクターが作れるという考え方があるという。例えばザ・シークと初代タイガーマスクとジミー・スヌーカを掛け合わせるとサブゥーというオリジナリティーが生まれる。この方程式が竹田にも当てはまるのではないだろうか。

彼は葛西のコピーと長年呼ばれてきた。たしかに狂気性という点では葛西譲りなのは否定できない。だが試合運びやリズム、強さの見せ方に関しては杉浦貴を彷彿とさせる。彼自身が杉浦のことが好きだということも影響されているのかもしれない。そこに残忍で荒々しいMASADAなどのデスマッチファイターの味付けを加えると、竹田誠志という唯一無二の存在が誕生する。竹田はそうやってオリジナリティーの確立に成功したのではないか。デスマッチ覇王として大暴れする竹田のデスマッチは近年、特にアイテムを駆使したエゲツない攻撃性が増している。ここら辺りも試行錯誤しながら自分自身のデスマッチを追求している研究の成果なのかもしれない。

メジャーに負けていると言ったらプロレスラーとして終わり

かつて葛西は「デスマッチはレスリングの出来ないヤツが出来るモンじゃねぇんだよ。レスリングが出来るヤツがやってこそ本当のデスマッチなんだ。新日本のトップレスラーたちにオレらのデスマッチが出来るか？　出来ねぇだろ。向こうの土俵に上がったら、ちゃんとそれなりの試合するよ」と語ったことがある（2010年3月28日、大日本プロレス・博多スターレーン大会試合後のコメント）。デスマッチファンに「さすが葛西！」と絶賛されたこの発言はデスマッチファイターの覚悟と矜持を感じさせる凄みがあった。

デスマッチの最前線を生きる竹田にメジャー団体・新日本プロレスについてどう思うのか聞いてみた。するとデスマッチのプロとしての誇りを爆発させた。

「ぶっちゃけ新日本は見ないです。誰が出ているのかもわからない。でもたまにテレビを見ていると、試合時間が長いですね。長ければいいってもんじゃない。デスマッチをやっているからレスリングができないわけじゃないし、新日本に出ても全然できますし、葛西さんと同じ気持ちですよ。だから新日本に参戦したいは思わないですね。ただ出るにしてもデスマッチファイターとして出ないと意味がない」

竹田はそもそもメジャーやインディーについてどう考えているのだろうか。

「今のプロレスってメジャーもインディーもないと思う。プロレスラーとしてやっていることは一緒で何も変わらない。メジャーはブランドだけ。親会社がでかいか小さいかの違いだけ。以前、全日本プロレスに出ましたが、あれは『デスマッチファイターだけどレスリングできるよ』という形で出ましたから。インディーだから舐められるというのがよくわからない。体の大きさとかありますけど、僕は関係ないと思う。『メジャーに負けている』と言ったらプロレスラーとして終わりですよ」

竹田誠志の時代はもうとっくの前から始まっている

これまでのレスラー人生で印象に残った試合について聞くと、意外なレスラーについて語ってくれた。

「通常のプロレスルールのベストバウトは青木篤志さん。青木さんは本当にテクニシャンですね。派手なことはやらないんですが、うまいんです。（佐藤光留選手が青木さんは剛のテクニシャンだと表現していることについて）それはなんとなくわかります（笑）。タッグパートナーについては特にいないですね。色々と絡んだり、タッグのタイトルは獲りましたが、長続きしているパートナーはいなんです。タッグはあんまり好きじゃないんです。ハマったタッグパートナーがいなくて……。生粋の一匹狼なんでしょうね」

今、対戦してみたいレスラーは2人のベテランレスラーだという。

「望月成晃《まさあき》さんとシングルマッチで対戦したいですね。タッグで対戦したのですが、めちゃくちゃ噛み合ったんです。あとおこがましいですが杉浦（貴）さんとも試合したいです。あの年齢の二人のコンディションは凄いですよ」

今後の目標について大いに語っていただくことにしよう。

「国内には参戦したい団体は特にないですね。デスマッチファイターとして大日本やFREEDOMSに上がって目標は達成しているんです。目標は世界で通用するデスマッチファイターになりたい。日本だけではなく世界の誰に聞いても『デスマッチ＝竹田』という状況にします。とにかく巡ってきたチャンスはいくらでも受けますよ。『デスマッチ＝葛西純』とか言っているじゃないですか。そうじゃない、時代は動くよ。それを証明したいですね。

理想はＴＡＪＩＲＩさんみたいにアメリカで名を上げて、『デスマッチ界のイチロー』になることですね。もっと自由に海外に行きたいですし、色々なプロレスを吸収したい。固定観念で『あいつはデスマッチしかできない』とかにはなりたくないんです。アメリカに関してはＧＣＷは興味ありますね。あとＡＥＷだったら出てみたい気持ちがありますね」

デスマッチというジャンルに誇りを持ち、デスマッチにすべてを捧げてきた死闘のプロフェッショナル・竹田誠志。波乱万丈のレスラー人生を生き抜き、試行錯誤と数々のデッドラインを越えて、彼はいまや世界最狂のデスマッチ覇王となった。

日本プロレス界には竹田誠志というとんでもないデスマッチファイターがいるという情報は日本を越えて世界に発信されている。今こそ彼の動向に刮目してほしい。

竹田誠志が尊敬する葛西純の時代はまだ終わっていない。だが竹田誠志の時代はとっくの前から始まっているのだ。あとはその事実を我々が気付くだけである。

◎竹田誠志（たけだ・まさし）

［身長体重］172cm、90kg

［生年月日］1985年8月13日東京都町田市出身

［デビュー］2007年1月20日デビュー

［所属］フリー

［タイトル歴］BJW認定デスマッチヘビー級王座、KING of FREEDOM WORLD王座、STYLE-E無差別級王座、BJW認定タッグ王座、KING of FREEDOM WORLD TAG王座、NWAインターコンチネンタルタッグ王座

［得意技］Uクラッシュ、リバースUクラッシュ、ロッキンポ!!

レスリングで国体出場、総合格闘技ZST出場という格闘技実績を経て、デスマッチを中心に活躍するクレイジーキッド。アメリカGCWデスマッチトーナメント「ニック・ゲイジ・インビテーショナル3」を制し、一時期は大日本とFREEDOMSの両王座を同時保持した世界最狂のデスマッチファイター。

【第八章】

田中将斗《まさと》

（プロレスリングZERO1）

対等に闘い、
全力で打ち勝つ弾丸主義
常に自己ベスト更新中の
日本インディー界の最高傑作

写真提供：プロレスリングZERO1

禅

「インディーとは、田中将斗。
ずっと僕は自分をインディーの
レスラーだと思っているし、
そのプライドを持って生きてきた」

——田中将斗

日本インディー界の最高傑作

本書の最後を締めくくるレスラーを誰にするのか。取材を進めていくに連れて、最後の取材対象に相応しい男がいることに気づいた。

その男の名は、田中将斗。鍛え抜かれた漆黒の肉体と驚異のスタミナを誇り、どんなときでもハイレベルな試合を残す業界屈指の名勝負製造機。そのプロレスには己の体一つでのし上がってきた反骨心と覚悟がある。そんな田中を人は「日本インディー界の最高傑作」と呼ぶ。

かつての盟友であり、現在はメジャー団体・新日本プロレスの現場を仕切る外道は田中を「どんな状況に置かれても決して腐らず、常に全力でやっている。それでいてすごいガッツもある。練習も真面目でどんなに自分の体がきつくても泣き言も言わないで全力でいく。年下だけど本当に尊敬できる男」と絶賛している。

この物語は、まだインディーへの偏見が根強かった時代を知り、メジャーの舞台でもインディーレスラーの凄さを知らしめた男の記録である。

高校入学してから出会ったラグビー

田中は1973年2月28日、和歌山県和歌山市に生まれた。本名は田中正人。母子家庭で育ち、小学・中学時代は柔道をかじる程度で、週一で開催される町内会のソフトボールくらいしかスポーツをしていなかった。本人曰く「運動神経がいいデブ」だったという。

そんな田中がプロレスに出会ったのは、小学4年生の時。テレビで初代タイガーマスクの試合を見て、どっぷりハマっていく。初代タイガーが引退すると、アントニオ猪木、長州力、藤波辰巳、外国人レスラーではテリー・ファンク、ハルク・ホーガン、ロード・ウォリアーズが好きだった。中学に入学した頃から将来は新日本に入門してプロレスラーになるという夢を抱く。だが母親からこう説得される。

「高校に行ってからでもいいんじゃないの。卒業してからでもプロレスラーになれる。厳しい部活動や上下関係を高校で経験してからでも遅くないんじゃないかな」

親からするとプロレスラーになりたいという話は子どもがヒーローになりたいと言っているようで現実味に欠けていたのだろう。

田中はスポーツに力を入れている和歌山県立和歌山東高等学校に進学、厳しいことで知られていたラグビー部に入部する。

「高校の合格発表の時に部活動の勧誘の人たちが近くにいて、ラグビー部の先輩に『高校入ったらクラブ活動は決めているの？』と声をかけられたんです。その時は断ったんですが、新学期が始まってから再度ラグビー部の先輩から『ラグビー部に来てよ』と誘われて。とりあえず見学に行くと、学生服姿のままだったのにボールを渡されて、パスとか教わりました（笑）。僕はすでに体重が110キロくらいあって、体格も良かったのでラグビー部としては欲しい人材だったのかもしれないですね」

当時はちょうどテレビドラマ「スクールウォーズ」が再放送中で、ラグビー部には創部以来最高の入部希望者がいたが、体が大きかった田中はレギュラーとして活躍する。ポジションはフォワード。一番前でスクラムを組むプロップだった。ラグビーはとにかく激しく、ずっと動きっぱなしのスポーツである。110キロあった田中の体重はラグビーをしているだけで20キロ以上落ちたという。高校時代は国体に出場し、和歌山県代表にも選出されている。

社会人ラグビーに進むも、一念発起してプロレス入りを決断

高校卒業した田中はプロレスラーになる夢を選ばず、ラグビーを続けることにした。当時

はプロレス団体も少なく、関西ローカルの団体も存在していなかった。

「プロレスをやりたいという気持ちはありましたが、大学に行くか就職するかという話になって。ラグビーの先生に相談すると『行ける大学はあるけど、学費が免除される特待生レベルじゃない。お前は母子家庭だから現実を考えると厳しいな。和歌山の住友金属がラグビー部を強くしようとしているから』と紹介してもらって、住友金属に就職したんです」

当時の住友金属は野球で日本一になるなど社会人スポーツが盛んで、ラグビーにも力を入れており、和歌山や関西の有名高校から優秀な人材を獲得していた。

田中は1年目からレギュラーに抜擢され、チームで活躍した。しかし、そこで大きな挫折を経験する。トップリーグがなかった当時のラグビー界はA～Cの3つのリーグに分かれていた。田中の住友金属はまだリーグに属さない〝リーグ外〟のチームで、Cリーグ入りを目指していた。リーグ入りの条件は、毎年行われるリーグ外の大会に優勝し、Cリーグ下位のチームとの入れ替え戦に勝利すること。住友金属はリーグ外の大会で見事優勝、入れ替え戦に進出する。しかし、チームは奮闘むなしく敗れてしまう。

「またリーグ外で1年ラグビーをやるのか」

田中のモチベーションは大きく下がる。現場の仕事も肌に合わず、やりがいを見出すことも難しい。そこで田中は一念発起する。夢だったプロレスラーを本格的に目指すことにしたのだ。田中は決断すると入れ替え戦の1ヶ月後に退社する。1年弱の在籍だった。

大仁田厚に憧れてインディー団体ＦＭＷ入団

会社を退職し、自主練習を重ねてきた田中は１９９３年1月に大仁田厚が率いるインディー団体ＦＭＷに入団する。

「僕はＦＭＷ信者だったんです。汐留の電流爆破デスマッチ（大仁田厚 vs ターザン後藤、１９９０年8月4日）の後、和歌山の海南市でＦＭＷの興業があって、家が近かったから見に行ったんです。で、会場に行ったらお客さんが数えるほどしかいない（笑）。でも、そんな状況でも、ＦＭＷの選手は手を抜かないんですよ。当時、新日本や全日本の試合はリングと客席の間が鉄柵で仕切られていましたけど、ＦＭＷにはそれがなく選手の真剣な闘いがすぐ間近で見られた。お客さんが少ない中でもあの大仁田さんが流血して必死に戦っている。そんな姿を見ているうちに、この団体でプロレスがしたいと強く思うようになったんです」

当時は入門テストはなく、試験は面接だけだった。道場でプロレスを教えたのは、ターザン後藤。全日本出身の後藤は基礎体力トレーニングや受け身を重視した。指導は厳しかったが、それが当たり前だと覚悟していたので耐えることができた。そんな彼の練習をミスター雁之助、江崎英治（ハヤブサ）、中川浩二（GOEMON）が一緒に見てくれた。

練習には耐えられたが、先輩からのこんな洗礼が辛かったようである。

「毎晩お酒を飲まされて、宴会芸をさせられるのが辛かったです。僕は酒が飲めないんですが、先輩から『飲んだら強くなるから』と飲まされて、吐いて、そのまま寝て、次の日に練習というのが結構あって……。雁之助さんと江崎さんは学生プロレスの流れからきているから芸達者なんですよ（笑）。雁之助さんは『やれよ』と言うタイプで、江崎さんは自分からやって『これ以上面白いことをやれ』と言うタイプ。江崎さんが最初からすごく面白いことをするので、それ以上はなかなか出せないんで本当にたいへんでした（笑）」

〝涙のカリスマ〟大仁田厚の付き人時代

田中は1993年7月23日佐賀スポーツセンター大会のリッキー・フジ戦でデビューする。だがデビュー戦は急遽組まれたものだった。

「デビュー戦っていきなり組まれるケースが多いんですが、僕の場合は『そろそろデビューだからタイツとリングシューズを用意しておけよ』って予告されたので、準備していました。実は、デビュー戦の日程も決まっていたんです。ちょうどミスター珍さん（日本プロレス出身で、当時の日本人現役最高齢レスラー）が前座に上がり始めた頃で、シリーズのある日のカードを見ると、『田中正人デビュー戦』とあって、対戦相手がミスター珍さん。正直、練習でやってきたことがなにも出せないんじゃないかって、ずいぶん悩みましたね。それでシリーズが始まったんですが、途中でサンボ浅子さんが怪我で欠場したんです。7月23日、試合前に練習をしていたら、突然、『今日、お前デビュー戦な。相手はリッキー・フジだよ』って。浅子さんの穴を埋める形でデビューが決まったんですね。珍さんには悪いですが、ホッとすると同時に、突然デビュー戦が決まったことへの緊張感がドッと湧きましたね」

田中はデビュー当時からエルボーを武器にしたプロレスを展開する。得意技のひとつ、ロープに張り付けにしてからのジャンピングエルボーは大仁田から試合前の練習で「こういう動きをやったらどうだ」とアドバイスされて使うようになった。

新人時代、田中は大仁田厚の付き人を務めていた。当時の大仁田は〝涙のカリスマ〟と呼ばれ、世間にも名前が広く浸透したプロレス界のスーパースター。大仁田の生き様に触れ、邪道プロレスを肌で学ぶことで、メキメキと成長していき、メインのタッグ戦で大仁田のパートナーに抜擢されるなど早くから頭角を現した。

リングに上がれば、先輩も後輩も関係ない。もともと緊張をあまりしないタイプだったので、自分よりもはるかにキャリアのある相手に囲まれても、物おじしなかったという。

大仁田がいなかったら、FMWに入っていない。もし違う団体の入門テストを受けていたとしても、合格をしていたかわからない。だから彼はプロレスラーとしての生みの親ともいえる大仁田に感謝している。だが、いくら憧れのスーパースターとはいっても、付き人を務める中では苦労することもあった。

「付き人をしていたときは、巡業中、寝るとき以外は常に一緒でした。最初は憧れの気持ちで一杯だったんですが、だんだん馴れてくるとイヤな面も見えてくるというか。大仁田さん、試合前によくキャンプをするんですよ。それも試合当日に。たとえば、地方の興行に向かうときに、海の近くを走っていたとするじゃないですか。そしたら突然、『いい海岸だな』って。それで車を停めさせて、キャンプを始めるんです。で、釣りをしたり、飯盒炊飯で米を炊いたり。マスコミ向けのパフォーマンスじゃなくて、僕とマネージャーしかいないから完全なプライベートですよ。大仁田さんはメインイベンターだから、18時30分に会場入りしても間に合うけど、僕は新人だから早く会場にいかなきゃならない。試合も第一試合に組まれたりしているから、大仁田さんと同じペースで会場入りしていたら確実に間に合わないんです。実際、そのせいで試合が飛ばされたことが何度もありました」

誇りがあるからインディーがバカにされるのが嫌だった

1995年5月5日、大仁田が二度目の引退をする。田中はキャリア2年弱で再出発した新生FMWの主力選手となった。団体のエースであるハヤブサが華やかさで勝負する中で、田中はデスマッチ路線に身を投じ、ラグビー仕込みの当たりの強さと不屈の闘志からいつしか〝弾丸戦士〟のニックネームが付けられ、熱い試合を繰り広げた。

なかでも金村ゆきひろ（後に金村キンタロー）とのハイレベルな攻防は、インディーを超えたインディー、〝スーパーインディー〟と呼ばれて高い評価を得た。

「FMWというと、大仁田さんの影響でデスマッチのイメージが強かった。団体としては、ハヤブサさんがエースになって、デスマッチからの脱却を目指しているところでした。そんなときに、金村とデスマッチ抜きの試合をしたら、ものすごくスイングしたんです。それでいつだったか、金村が僕との試合を評して〝スーパーインディー〟という言葉を使ったんですね。〝スーパーインディー〟っていい言葉ですよね。正直、やられたなって思いましたね」

1990年代の日本プロレス界は、メジャーとインディーでは選手の質と試合内容に明らかな差があった。ジュニアヘビー級こそ、新日本の「スーパーJカップ」でのみちのくプロレス勢の台頭で見直されていたが、ヘビー級に関しては現状打破には至っていなかった。

そんなインディーに対する偏見や風当たりが強かった時代に起こったのが1996年6月

30日、横浜アリーナで開催された「メモリアル力道山」における長州力の「アレと同じものとは見ないでほしい。あいつらは、いったい何者なんだ⁉」というインディー批判である。

長州はインディー嫌いで有名だった。様々な団体の選手が出場していたこの興行で、あるインディー団体が大凡戦をしたことが発言の引き金となったようである。この長州発言に「俺は何者なんかじゃない！　俺は田中将斗だ！」と猛然とかみついたのが同大会にＦＭＷ代表として出場していた田中だった。

「いまではインディーにも良い選手がいっぱいいますけど、当時は僕の目から見ても酷い試合をする選手がいた。だから全部が全部、インディーと一括りにされては困ると思ったんです。僕はインディーに誇りを持っているし、ＦＭＷではメジャーに負けない闘いをしてきたつもりだった。だから、頭にきたんですね。まあ、当時は若かったし、今なら何を言われても『俺は田中将斗だ』って思えるんですけど（笑）」

ちなみに長州のインディー批判によって、新日本はインディー団体・大日本プロレスとの対抗戦に突入していく。このとき、もし新日本がＦＭＷに対戦要求を出してきたらどうだったか。田中は「もちろんやりますよ。そんなチャンスないじゃないですか」と即答した。

田中はハヤブサとともにエースとして団体を牽引し、キャリア5年未満とは思えない、数々の名勝負を残していく。１９９７年9月28日の川崎球場大会では、田中はＦＭＷ最強外国人ザ・グラジエーター（マイク・アッサム／通称はグラジ）と対戦。怪物グラジのパワーを真正面から受け止め、グラジが得意にする場外テーブルへのパワーボムを逆に出すなど、ハードコアな肉弾戦を制し、悲願の世界ブラスナックル＆インディペンデントワールド世界ヘビー級二冠王座を獲得した。

伝説のプロレス団体・ＥＣＷでトップレスラーとなる

川崎球場でのグラジ戦を見て、田中に目をつけたのがアメリカのプロレス団体、ＥＣＷプロデューサーのポール・ヘイマン（ポール・Ｅ・デンジャラスリー）だった。田中に惚れ込んだポールは獲得に動き出す。今や伝説のプロレス団体となったＥＣＷは、ハードコア・レスリングを信条とし、ＷＷＦ（ＷＷＥ）、ＷＣＷに次ぐアメリカ第三の団体だった。

だが、当初、田中は海外のプロレスにはさほど興味はなかった。

「当時は海外のプロレスはあまり好きじゃなかったんですよ。でも、海外に修行に行くとスターになって帰ってくる、っていう流れがありますよね。だから会社から『ＥＣＷから来ないかって話がある』って言われたとき、『行きます』って即答しました。環境が違うところでもまれて、考えが変われればいいなという思いもありましたね」

ＥＣＷでも田中はタフな全力ファイトを展開。アメリカのＥＣＷマニアは瞬く間に彼の虜になった。田中はボールズ・マホーニーとのコンビでＥＣＷ世界タッグ王座、さらに日本人で唯一のＥＣＷ世界ヘビー級王座を獲得している。トップ戦線に入ると待遇も変わった。当初は安かったギャラがメインイベンターになる頃には5倍に跳ね上がった。田中は現在でも海外で多く試合が組まれるが、このＥＣＷでの成功が大きいという。

「ＥＣＷでの経験が今に生きているんです。あの頃がなかったら、いまでも海外に呼ばれて試合をするようなことはないでしょうね。ＥＣＷはＦＭＷに似ているけど、ＦＭＷをよりハードコアにしたプロレスという印象でした。華やかさはなかったけれど、マニアのお客さんが多くて、会場はいつも盛り上がっていましたね」

彼にとってＥＣＷで印象に残っている試合は、やはりあの怪物との激闘だ。

「やっぱりグラジですよね。いまでもアメリカに行くと、『あの試合はすごかった』とファンや関係者に言われますから。海外でやった僕のベストバウトは、ＷＷＥ版ＥＣＷ『ワン・ナイト・スタンド』（２００５年6月12日）のグラジ戦です。彼が相手だと僕は全力でファイトができたし、グラジも僕が相手なら全力で試合ができた。お互いにリミッターを外せたんです。グラジが亡くなったので実現しませんが、もう一度闘ってみたかったですね」

世界中のファンの心を捉えたグラジとの激闘はＷＷＥが発表した「死ぬまでに見たほうが

いい試合ベスト１００」というランキングで41位に選ばれている。

スーパーインディーからエンタメ路線に移行するFMWへの不満

田中は１９９９年1月にアメリカから凱旋。「俺がＦＭＷを変えていく」と公言し、圧倒的強さと鋼鉄の肉体を身にまとい連戦連勝。だが、リングでの輝きとは裏腹に、田中のＦＭＷへの思いは曇りを帯びていく。

「原因は、当時のエンタメ路線への変更です。話題作りはたしかにプロレスには重要です。でも、当時の僕にはそちらを重視しすぎるあまり、肝心の試合がおろそかになっているように見えた。お客さんが納得して、それを支持しているなら、まだ僕も頭を切り替えることができます。でも、そうは思えなかった。実際、資金難からエンタメ路線がチープになると、お客さんはどんどん離れていった。そんな状況に我慢ができなくて、僕は会社に『路線を変えませんか?』と伝えたんですが、『これで行く』と言われて……。僕はデスマッチでもレスリングでもいい。とにかく試合主体にしてほしかったんです」

田中がＥＣＷ遠征中にＦＭＷは揺れ動いていた。復帰した大仁田が団体と衝突し、最終的に追放。その後のＦＭＷを仕切ったのが冬木軍として参戦中の冬木弘道だった。冬木の参画後、FMWのエンタメ路線は拍車がかかる。15000V放電金網サンダーボルトデスマッチで激突した田中と冬木。その時は田中が勝利し、WEWシングル王座を獲得している。トップとして闘いを繰り広げた両者だが、リングの外では接点はあまりなかったという。

「FMWはベビーフェイスとヒールで完全に分かれているので、リング以外で接する機会はなかったです。正直に言うと（冬木のことは）あまり好きではなかったですね。冬木さんはエンタメ路線を仕切ろうとしていた。僕はエンタメ反対派だったので、相入れない立場ですよね。実は金村も最初はこっち（反冬木派）だったんですよ。でも、いつの間にか『冬木さん、冬木さん』って（笑）。いまだから話せることですけど、本当は金村が最初にFMWを辞めようとしていたんですよ。『冬木さん、ダメ』って。それを僕らが止めたんです」

エンタメ路線を突き進むFMWの中にも刺激的なライバルは存在した。〝最高男〟黒田哲広である。黒田は同じ若手ながらもメインに上がる田中を羨望のまなざしで見続けてきた。それゆえに2人がリング上でぶつかるとそこに名勝負が生まれた。一緒にタッグを組むと抜群のコンビネーションを発揮した。特に1999年2月27日・後楽園ホール大会での一騎打ちは、意地とスキルが正面衝突するハイクオリティーな名勝負だった。

「黒田とは、道場に一緒に住んでいた頃からの付き合い。若手時代から『黒田には負けたくない』と思ってましたね。お互いが意識していたので、道場で練習する時間をズラしてみたり……。黒田がベンチプレスで何キロ上げたなんて話を聞いたら『そんなに上げるのか』なんて思いながら練習したり。僕は大仁田さんの付き人、黒田は後藤さんの付き人だったから、そこでも負けられないというのもあったんです。黒田は体が柔らかくて、力もあるし、スタミナもある。お客さんを沸かせるのもうまいなって、素直に思っていましたね」

また田中は団体の象徴となったハヤブサと幾度も名勝負を残してきた。だが、どれほど追い込んでも、遂にハヤブサに勝つことはできなかった。2人の関係はまるで三沢光晴と小橋建太のように組んでも闘っても高め合える盟友関係だった。

「あのカリスマ性、華やかさ、試合の勝敗ももちろんですが、結果的に一度も超えることができなかった。ケガで試合ができなくなっても、亡くなった後もプロレス界にハヤブサという名前は永遠に残る。ハヤブサさんこそ、正真正銘のスーパースターですね」

経営難のFMWを退団、フリーを経て選んだZERO-ONE

2001年2月、田中は当時、邪道、外道らと共に結成していた「コンプリート・プレイヤーズ」のメンバーと共に経営難に陥っていたFMWを離脱する。

「団体を辞める少し前、会社が早期退職者を募ったんです。そのとき、『団体に残った選手にはこれからチケットを販売してもらう』と言われたんです。最初は経営が厳しいから当たり前だと思いました。でも、よくよく話を聞いてみると、チケットを売れば売るほどレスラーとしてのギャラが上がるっていう話だった。それはちょっと違うんじゃないかって。だって、もしそうなら、ショボい試合しかできなくてもチケットを売れば高い報酬がもらえるってことになります。僕らはプロレスラーで、営業マンじゃないんです」

しかし、それを聞いてもまだ田中は辞めるという踏ん切りはつけられなかった。

「きっかけは、邪道さんと外道さんです。会社から『辞めたい人はこの日までに言ってほしい』という通告があった後、2人に会ったら、『辞めるって言った? 俺らは言ってきたよ。一緒に辞めようぜ』って。『ええっ!』って驚きましたよ。まあ、でも僕も会社には不満があったし、邪道さんと外道さんは『お前が必要だから、一緒に辞めて他に行こうぜ』と言ってくれているし……。それでその日のうちに会社に辞めると電話しました」

FMWを離脱した田中はフリーとなり、邪道・外道と行動を共にする。あらゆる団体に上がり、2001年7月に橋本真也率いるZERO-ONEに初参戦することになる。

「FMWを辞めてフリーになった時、一番最初に声をかけてくれたのが、当時ZERO-ONEにいた中村祥之《よしゆき》さんでした。そのとき、中村さんに『僕はコンプリート・プレイヤーズとして辞めたので、コンプリート・プレイヤーズで上がりたい』とお伝えしました。でも、オファーがあったのは僕ひとりだった。そこで返事はいったん保留にして、7月のＺＥＲＯ‐ＯＮＥのＺｅｐｐ東京２連戦に上がらせてもらいました。その２日目に大谷晋二郎とシングルで闘ったら『スゲー熱いな』って感じたんです。大谷が熱い男だってのは、新日本時代から知っていました。でも、対戦する機会はなくて、実際にあたったらこれは一回じゃ終わらないなって思ったんです」

２００２年３月、田中はＺＥＲＯ‐ＯＮＥに入団。その決断にはこんな裏話があった。

「フリーで１年、色々な団体に上がらせてもらいました。フリーだから味わえる喜びや楽しみもありましたが、同時に、どこかに腰を据えてレスリングをしたいという思いが強くなってきたんです。そんなときにＺＥＲＯ‐ＯＮＥから『そろそろ入団しませんか？』と声をかけていただいた。大谷とはすでに出会っていたし、橋本さんの人間性も知っていた。なにより、フリーになって一番最初に声をかけてくれたのは、中村さんだった。だから、フリーでやるよりも多少ギャラが下がっても仕方がないと思っていたら、提示された金額が思っていたよりもだいぶ低い（笑）。で、条件面について再度検討してもらうことになったんです」

この頃の田中はＺＥＲＯ‐ＯＮＥと全日本を並行して参戦していた。

「実は馬場元子さん（当時の全日本社長）に声をかけていただいたんです。ご自宅に呼ばれて、『入団してちょうだい』と。僕は正直に『いま、ＺＥＲＯ‐ＯＮＥから入団の話がきています。提示した金額にOKをもらえれば、僕はZERO‐ONEの選手になります』と伝えました。元子さんは『いくら提示したの?』なんて聞いてきましたが、『そうじゃないんです。駆け引きじゃないんです。ZERO‐ONEから無理だと言われたら、話を改めて聞かせてください』とお話したら、最後は納得していただけましたね。周りのレスラーに色々聞いていたこともあって、全日本に上がるまでは正直、元子さんにあまりいい印象はありませんでした。でも、僕にはとてもよくしてくれて、感謝の思いしかないですね」

最終的には金額で合意し、田中は晴れてZERO‐ONEの一員となった。

橋本真也と大谷晋二郎

ZERO‐ONE入団直前に田中は2002年3月2日・両国国技館大会で橋本真也と一騎打ちを行う。この試合はIWGP王者として快進撃を続けていた全盛期を彷彿とさせる橋本の破壊力が爆発する。田中は防戦一方で、後半は耐えるだけで精一杯となり撃沈した。

田中は橋本のリング内外での豪快なその生き様が忘れられない。

「あの試合では完膚なきまでにやられましたね。結果は残念でしたけど、ファンの人から『久しぶりに怖い橋本真也を見た』と言ってもらったことには満足しています。だって、それって何をしてもぶっ壊れない僕だから、橋本さんが思いっきりやれたということじゃないですか。僕も意地がありますから、簡単にはやられたくない。だから橋本さんも本気になったのかもしれません。普段の橋本さんは豪快な人で食べることが好きだった。しゃぶしゃぶをガッツリと食べた後、ホテルに帰る途中で焼き肉屋を見つけたら、そこで焼き肉を食べたり（笑）。親分肌で、試合終わりにレスラー仲間で叙々苑の游玄亭にごちそうしてもらったことがあるんですが、会計の時にちらっと見えた金額が十数万円……。メジャーな人はやっぱり違うなって（笑）。橋本さんはプロレスラーに夢を見させてくれる人でしたね」

ＺＥＲＯ‐ＯＮＥ入団後、田中は大谷と「炎武連夢（エンブレム）」を結成。炎武連夢は団体の垣根を超えて大暴れをし、２００２年プロレス大賞最優秀タッグチーム賞を受賞、数々のタッグ王座を獲得するほどの名タッグチームとなった。

しかし、２００４年11月にＺＥＲＯ‐ＯＮＥは経営不振により活動停止。大谷が中心となり、所属選手とスタッフによって後継団体ＺＥＲＯ１‐ＭＡＸ（現ＺＥＲＯ１）が設立されると、田中は迷わずこの団体に参加する。理由はライバルにして盟友の大谷晋二郎がいるからである。

「橋本さんと袂を分かったとき、大谷晋二郎と中村さんが動いてくれなかったら団体はなくなっていた。彼が社長をやってくれなかったら今のＺＥＲＯ１はないんです。あそこで僕が

『社長をしてくれ』と言われたとしたら、きっと断っていたと思う。それほど辛くて、大変な役回りだったんです。でも、大谷はそれを引き受けてくれた。そのことには感謝しかないですね。大谷はレスラーとしても体を張っている。いまはもう組んでいませんが、良きパートナーであり、ライバルでもある。正面に立ったら大谷晋二郎には負けたくないというのが強くあるし、向こうもそう思っているはずです」

そこから田中はエンタメ路線のプロレス興行ハッスルにレギュラー参戦。初代HHH（ハッスル・ハードコア・ヒーロー）王者となる。かつてFMW時代には嫌悪感を抱いたエンタメ路線。だがハッスルに関する質問をすると意外な答えが返ってきた。

「僕はハードコア部門で、試合で会場を沸かせるポジションでしたけど、ハッスルのエンタメ路線はめちゃくちゃ面白かったですね。それは色々なことを経験して自分の思考が変わったのかもしれません。ハッスルに上がるのは嫌じゃなかったし、嫌だったら断っていますから。高田総統とかすごく面白かったです（笑）名前が田中と地味だから『佐藤君。いや、鈴木君だっけ？』といじられたり（笑）」

肉体改造により進化した弾丸戦士

２００６年、田中は熱い男の祭典「火祭り」で初優勝。さらにＺＥＲＯ１の最高峰である世界ヘビー級王座にも輝いた。しかし、その後、肩の古傷が悪化。手術を要することになり、半年間欠場することになった。そこで田中が着手したのが肉体改造だった。

「今のスタイルに変えたのは肩の手術がきっかけです。ＥＣＷから帰ってきたときは１１０キロ前後まで体重を増やして、筋肉の上にだいぶ脂肪がある状態でした。肩の手術で半年ほど休むことになって、怪我から復帰する時にリングでちゃんと動けるか心配だったんでスタミナ重視の練習に変えたんです。一時間走ったり、ウェイトトレーニング、リングの練習をしていたら結構体重が絞れてきて。そのうち、筋肉のカットも出てきて、このままいけば見た目のいい体になって、前とは違うインパクトが与えられると思ったんです」

最終的には90キロにまで体を絞りビルドアップされた肉体で復帰した田中は相手にスライディングの要領でエルボーを打ち込む必殺技スライディングＤを欠場中に開発し、レスラーとしてさらなる進化を遂げる。

20代の田中はパワーを駆使した豪快な荒業を得意にしていた。スプラッシュ・マウンテン、雪崩式リバースブレーンバスター、弾丸グレネード（走り込んでのデスバレーボム）、コンプリート・ダスト（カナディアン・バックブリーカーからサイドに叩きつけるフェイスバスター）……だが、新しいスタイルに変えてからは、それら荒業の使用頻度は少なくなった。

「いまのスタイルだと、百何キロの相手を持ち上げるのは難しい。フィニッシュのスライディングDは、座らせさえすれば、どんな相手にも決めることができます。スピード、スタミナを重視して、自信のある技に絞っていったんです」

だからといって荒業を使わなくなったわけではない。昔から使用していたスイングDDTや垂直落下式ブレーンバスターは、より威力を増し、洗練された貴重な大技として昇華させることに成功したのである。

新日本プロレスに参戦し、実力でメインイベンターとなる

ZERO1のトップレスラーとして活躍する田中だが、新日本とは縁がなかった。実は新日本から派生したZERO-ONEで活躍することで、いつか新日本に上がることができるのでは、という思いもあった。

ようやく本格的に新日本に参戦したのが2008年。新日本とZERO1が団体対抗戦に突入し、その最前線に立った田中は新日本のトップレスラーたちと闘った。結果を出した田中は対抗戦が終わった後も準レギュラーとして新日本に継続参戦していく。彼は己の技量と器量で選手、ファン、関係者を認めさせたのである。

少年時代に入門したいと憧れた新日本は彼にとってどんなリングだったのか。

「やっぱりメジャーと呼ばれるだけありますよね。色々なインディー団体に上がるとできる選手と全然できない選手がいるんです。新日本さんにはできない人がいないんですよ。そもそも実力がある中からふるいにかけられた選手ばかりなので、やりがいはありました。新日本さんに上がった直後は僕を知らない選手やファンもいたと思います。でもずっと上がらせてもらうことによって、『田中将斗はこんなレスラーなのか』ということが浸透したんじゃないですかね。そういう波及効果も含めて、新日本さんにはメジャー感がありましたね」

ＩＷＧＰインターコンチネンタル王座、ＮＥＶＥＲ無差別級王座を獲得し、真壁刀義や棚橋弘至が保持するＩＷＧＰヘビー級王座に挑戦するなど、実力でメジャー団体のメインイベンターの大役を果たし、プロレスラーとしての評価をさらに上げた。

この新日本参戦で今でも「あの試合はすごかったよ」と声をかけられるというのが、２０１３年2月3日・後楽園ホール大会での石井智宏とのＮＥＶＥＲ無差別級選手権試合である。この試合はメインイベントで組まれた。田中も石井もインディー出身である。そんな境遇の2人がメジャー興行の最後を締めくくったのだ。これこそ奇跡としか言いようがない。

２人はこの試合で見事な生き様を見せつける。どんな技からも逃げず、真正面から受け止め、やり返す。そんな魂のラリーが20分以上も続いた。壮絶な激闘の末、得意のスライディングDで石井を破り防衛した田中。彼は試合後にマイクで叫んだ。

「これが俺と石井ちゃんしかできへん、俺と石井の闘いや！　これ以上の試合ができる自信があるヤツだったら、どこの団体でも、誰でもかまへん！　俺の前に来いや！」

さらに控室では「インディーの中でも底辺のままのヤツは底辺のままだが、でもトップどころはメジャーにも負けない実力を持っているんや」と発言した。

インディーに対する誇りとメジャーへの反骨心を持つ田中。かつてインディー批判した長州力に猛反発し、後にZERO-ONEで一騎打ちした時には長州から絶賛された田中。そしてメジャー団体のメインを立派に締めた田中の言葉には説得力があった。

あの名勝負から7年が経った今、改めて石井戦について田中に聞いてみた。

「『CHAOS（ケイオス）』という同じチームにいたので、タイトル戦じゃないと対戦することはなかったと思います。元々インディー出身の2人ですからね。メインに組むのは、新日本さんとしても勝負だったと思いますよ。でも、石井ちゃんとだったら、面白い試合ができると確信していました。だって、彼のダメな試合は一度も見たことがないですから。どんな相手でもすごい試合をするし、お客さんをしっかり盛り上げる。石井ちゃんはトップ中のトップですよ」

田中は2013年を最後に新日本への定期参戦は終了している。実は今、彼が参戦してみたい団体として挙げたのが現在の新日本だった。

「今の新日本さんは凄いとしか言いようがないですね。上がった当初は地方に行っても空席が多かったんですが、最後の方になるといつもお客さんが入っていました。プロレス団体というのは、一度ダメになるとそのままズルズルいってしまうもので、急激に盛り返すことなんてまずないんです。僕は新日本さんがダメな時期も見ているので、今の熱狂ぶりを見ると本当にすごいなと思います。だから今の新日本さんに上がってみたいんです」

杉浦貴と最強コンビ結成しノアに進出。そして彼にとってメジャーとは？

田中は２０１４年からＺＥＲＯ１で小幡《おばた》優作や日高郁人と「弾丸ヤンキース」というユニットを結成する。そこに大物レスラーが参画する。プロレスリング・ノアの杉浦貴である。田中はノアで〝強さの象徴〟と呼ばれる杉浦と最強コンビを結成し、ノアとＺＥＲＯ１でタッグ王座を獲得、２０１４年プロレス大賞最優秀タッグチーム賞を受賞する。同世代の杉浦と組むことによってノアのプロレスを体感することになる。

「僕はもともと後藤さんに教わっているので全日本系。ノアさんももともとは全日本から生まれた団体。だから上がることに不安は全然なかったです。色々なことを経験してどういうタイプが来ても平気でした。それに杉浦さんが隣にいたら心強いですから」

杉浦の存在は田中にとって大谷とは違う意味で特別な存在だという。

「キャリアは僕の方がありますが、年齢は杉浦さんの方が2つ上。年上なんですが、いいコンディションをしていて、すごくいい試合をしている。目指すべき人なんです。杉浦さんがあれだけやっているなら、僕もあの年齢までできるなと。だから杉浦さんには何歳になってもああいう感じでいてほしい。そうすれば僕も努力をすればやれると思えるんです」

新日本やノアで活躍し、メジャー団体でも己の存在を遺憾なく見せつけてきた田中。彼にとってメジャーは「自分を売るのに最高な場所」だという。

常に自己ベスト更新…それが弾丸主義

さて、ここからはプロレスラー田中将斗の真髄に迫ることにしよう。初対戦のレスラーと対戦する時に彼はどんなことを考えながら試合をしているのか。

「初めての相手との試合は、僕は好きですね。どういうことをやってくるのか、楽しみですから。ただ、中には力で無理やりくるような相手もいる。そういうときに大切にしているのが、とにかく怪我をしないということ。それが一番ですね」

試合において時にはプロレスが下手な選手と遭遇することがある。また相手がプロレス初体験の格闘家の場合など特殊なケースもある。

「その場合は相手の懐に少し入ってみます。それで状況を見て組み立てを変えていきます」

以前、同じ質問をディック東郷にしたときの答え、「相手寄りの試合をする」によく似ている。相手がいてこそプロレスは成り立つものであることがよくわかる。

２０１９年のＤ王ＧＰ優勝後に、田中は「対等に闘う、それ以上のもので上回って勝てるというのが田中将斗」と言った。この言葉にはどんな真意があるのか。

「僕は色々なことを経験して、色々な団体を渡り、色々な選手と対戦しているので、プロレスラーとして自信がある。それも理由のひとつですが、あえてああいう発言をすることで、自分自身にプレッシャーを与えているんです。言ったことはきちんとリングで証明しなければならない。『何を言ってるんだ、こいつ』と周囲に思われたとしても言葉として吐かせない。そのためには常にコンディションを良くしておかないといけない。練習が嫌な時があっても『良いコンディションを作らないといけない』と思っていくんです」

取材をした日、夜に開催されたＺＥＲＯ１新木場大会で田中はフリーの若武者・佐藤嗣崇《つぐたか》と対戦。佐藤の潜在能力を見事に引き出す好勝負を展開し、完全勝利した。まさに相手を対等に扱い、それ以上で上回ってみせた試合だった。

田中は今年（２０２０年）２月で47歳。キャリアと経験を積んだ今でも彼はベストコンディションを誇り、プロレス界の最前線を走る現在進行形である。

「ベストコンディションをキープするには日々のトレーニングしかないです。スタミナを落とさないように練習できる時間があれば一時間は走るということは決めています。見た目も落とさないように筋トレもするし、走るし、日焼けもする（笑）」

そんな彼の今後の目標もいかにも田中らしい。

「目標は日々進化していきたいんです。昔よりすごいなと言われることがあるので、50歳になっても、昔より今の方が凄いと言わせたいですね」

偏見や風当たりを打ち破り、「インディーにも凄いレスラーがいる」という事実を証明した田中はある意味、日本プロレス史を変えた男かもしれない。どんな対戦相手でも格下扱いすることなく闘い、真正面から相手にも自分にも打ち勝ってきた。日々進化することで、彼は年齢を重ねても常に自己ベスト更新中である。それこそが結果と試合内容でプロレス界に存在した数々の〝ハードル〟を越えてきた田中将斗の弾丸主義なのだ。

だからこそ彼は自信を持ってこう言えるのだ。

「インディーとは田中将斗なんです」

◎田中将斗（たなか・まさと）

［身長体重］181cm、90kg

［生年月日］1973年2月28日和歌山県和歌山市出身

［デビュー］1993年7月23日デビュー

［所属］プロレスリングZERO 1

［タイトル歴］AWA世界ヘビー級王座、NWAインターコンチネンタルタッグ王座、ECW世界ヘビー級王座、ECW世界タッグ王座、世界ブラスナックル王座、インディペンデントワールド世界ヘビー級王座、IWGPインターコンチネンタル王座、NEVER無差別級王座、爆破王、GHCタッグ王座、KO-D無差別級王座

［得意技］スライディングD

国内外問わずあらゆる戦場で結果と内容を残してきた世界の弾丸戦士。日本人唯一のECW世界ヘビー級王座を獲得したハードコア・レジェンドでありながら、プロレス界の最前線を突き進む日本インディー界の最高傑作。

おわりに～あなたにとってプロレスとは？～

私は本書の取材の締めくくりには、次の質問をすることに決めていた。「あなたにとってインディーとは？」「あなたにとってプロレスとは？」レスラーたちのインディーへの思いは各章の冒頭に記載させていただいた。ここでは「あなたにとってプロレスとは？」という質問の答えをまとめることにしよう。

・「福引でもらったハワイ旅行」（阿部史典）

最初に取材したプロレスリングBASARAの阿部史典。彼は「あなたにとってプロレスとは？」という質問にこう答えた。実に興味深いアンサーである。その真意を聞くと……。

「昔だったらレスラーになれるわけもない自分がいろんな人や物事のお陰で偶然今こうしてプロレスラーになれたので、今まで見てきた人や、やりたかったことを片っ端から全部やって楽しんでいこうと。例えるならば、商店街の福引で偶然ハワイ旅行が当たって、楽しい、楽しまなきゃ損な状況と同じなんです！」

阿部はプロレスＩＱが高い若き天才。彼は時には真面目に、時にはふざけながらプロレスに打ち込んでいる。痛快に楽しみながら彼はプロレス界の最前線を生きていく。

・「今まで生きてきて一番好きなもの」（吉田綾斗）

２ＡＷの若きエース、吉田綾斗は現時点では、と前置きをしてこう答えた。

「プロレスは今まで生きてきて一番好きなものです」

かつて新日本プロレスのシリーズに参戦していた未完の大器は現在、全日本プロレスにも上がっている。彼は日本プロレス界を背負う逸材であることは間違いない。

・「プロレスは運命共同体」（ディック東郷）

２０１２年に東郷は引退して一般人となった。だがリングという魔物に魅入られた東郷は２０１６年に復帰している。

「一度引退してプロレス以外のことはできないって改めて分かったので、もうプロレスは運命共同体ですよ」

そんな境遇だからこそ言える名言である。

・「プロレス以上に好きなものはない」（佐藤光留）

ＵＷＦ系でありながら、インディーへの熱い思いを語ってくれたのがフリーの佐藤光留。総合格闘技時代からもプロレスラーとして生きてきたという彼は「あなたにとってプロレスとは？」」という質問にこう答えた。

「自分の人生においてプロレス以上に好きになったものはないです」

その時に自分が理想とするプロレスラーになるために努力しているという彼はメジャー団体・全日本プロレスを主戦場にしながら、己のプロレス道を歩んでいる。

・「プロレスは浮世離れした空間」（新井健一郎）

あらゆる団体に参戦し、インディーの売れっ子レスラーとして活躍しているのがＤＲＡＧＯＮＧＡＴＥの新井健一郎。有名な団体からどインディーまで上がり、のらりくらりのプロレスを展開し、独特の存在感を発揮してきた彼が考えるプロレス。

「プロレスは浮世離れしている空間。お客さんとの信頼関係を築いている中で、好きな新木場の花道を歩いて、自分のプロレスを表現してお客さんに伝えることは俺にとって非日常」

この発言は実に深い。非日常、浮世離れだからこそ彼はプロレスラーとしての自我とやりがいが生まれ、試合で職人芸を魅せるのだ。

・「プロレスはインディー」（マンモス佐々木）

波乱万丈のレスラー人生を送るＦＲＥＥＤＯＭＳのマンモス佐々木は「あなたにとってプロレスとは？」という質問にこう答えた。

「自分にとってプロレスはインディーなんです」

これはかつて某メジャー団体から入団オファーがあっても断り、インディーレスラーとしての人生を全うしようとしている彼らしい考えである。彼がなぜリングに立ち続けるのかという理由にこの取材で迫ることができた思いがし、筆者自身も感無量だった。

・「プロレスは自分の人生を変えてくれたかけがえのないもの」（竹田誠志）

今、デスマッチ界の中心人物と言えるのがフリーの竹田誠志。彼の地元である町田の喫茶店で長時間取材させていただいた。クレイジーキッドが考えるプロレス。

「プロレスは自分の人生を１８０度変えてくれたかけがえのないもの。僕の人生に欠かせない生活の一部です」

総合格闘技からプロレスに転身した彼はプロレスにおける自己表現になかなか苦戦していた。それでもプロレスに打ち込み、デスマッチのトップファイターとなった。プロレスが人生を変えてくれたという感謝の気持ちが強いのだ。

・「自分を一番表現できる天職」（田中将斗）

キャリア25年を越え、40代後半になってもプロレス界の最前線で闘う、弾丸戦士・田中将斗は「あなたにとってプロレスとは？」という質問にこう答えた。

「プロレスは田中将斗を一番表現できる天職ですね。これはよく聞かれることがあって、答えは時代によって変わっているかもしれませんが、今はこれですね」

日本インディー界の最高傑作と呼ばれる彼はプロレス一筋に生きてきた。だからこそこのような答えには実感がこもっていたように私には聞こえた。

「プロレスの答えを求める旅は終わらない」

「インディーとは何か？」「プロレスとは何か？」という答え探しの旅に出たのは2019年の1月だった。その旅路は1年にも及ぶロングランとなった。

この取材で分かったことは二つある。一つは活躍している選手は年齢関係なくどこまでも貪欲ということである。各々手法が違うがプロレスラーとして進化し続けることで己の存在価値を高めている。そんな彼等だからこそ、多くのプロモーターたちは重宝してマッチメイクするのだろうなと私は感じた。

そしてもう一つは「インディーとは何か？」「プロレスとは何か？」という答えは私の中でやっぱり出なかったということである。取材をして改めて私はプロレスの奥深さを知り、またインディーにも未開拓の世界があると感じた。自分が見ているプロレスもインディーは星の数ほどある多種多様なスタイルの一部でしかなく、まだ見ぬ闘いのワンダーランドがプロレスにはある。プロレスは底が丸見えの底なし沼なのだ。

私はまだまだプロレスを勉強したい。そして今後も、直に選手を取材したり、考察活動をして、その結果を文章にまとめることで、プロレスとプロレスラーの素晴らしさを世間に伝えていきたい。「プロレスとは何か」「インディーとは何か」という答え探しの旅はこれからが始まりなのかもしれない。

最後になるが本書がプロレス界とプロレスラーの底上げと地位向上に繋がればこの上ない喜びである。今回、本書を書き上げる際にご協力いただいた8選手と澤宗紀選手、ならびに関係者の皆様にこの場をお借りして御礼申し上げます。私の家族をはじめ、取材に不慣れな私をバックアップしてくださった彩図社の権田さん、影から支えてくれた全ての皆様に深く感謝を申し上げます。

2020年3月　ジャスト日本

著者紹介

ジャスト日本（じゃすと・にほん）

1980年5月11日、福岡県出身（和歌山県在住）のプロレス考察家、プロレスブロガー。2017年9月と2018年3月に電子書籍『俺達が愛するプロレスラー劇場』（ごきげんビジネス出版）シリーズを刊行。また2019年より、大阪なんば紅鶴にて一人語りイベント「プロレストーキングブルース」を定期開催している。

現在アメブロで「ジャスト日本のプロレス考察日誌（https://ameblo.jp/jumpwith44/）を更新中。

取材協力（掲載順）

プロレスリングBASARA／2AW

みちのくプロレス／DRAGONGATE

プロレスリングFREEDOMS／プロレスリングZERO1

インディペンデント・ブルース

2020年4月22日　第1刷

著　者　ジャスト日本

発行人　山田有司

発行所　株式会社　彩図社
東京都豊島区南大塚3-24-4
ＭＴビル　〒170-0005
TEL：03-5985-8213　FAX：03-5985-8224

印刷所　シナノ印刷株式会社

URL https://www.saiz.co.jp Twitter https://twitter.com/saiz_sha

 ISBN978-4-8013-0443-7 C0095